La nuit obscure

Du même auteur

AUX MÊMES ÉDITIONS

Œuvres spirituelles
relié, 1947

Poèmes mystiques
1947

La Montée du Carmel
« Livre de vie », 1995

La Vive Flamme d'amour
« Points Sagesses », 1995

Le Cantique spirituel
« Points Sagesses », 1995

Saint Jean de la Croix

La nuit obscure

Traduction du père
Grégoire de Saint Joseph
Présentation
de Jean-Pie Lapierre

Éditions du Seuil

COLLECTION DIRIGÉE PAR
VINCENT BARDET ET JEAN-LOUIS SCHLEGEL

Pour la traduction de *La nuit obscure* :

Imprimi potest, servatis de jure servandis
Romæ, 12e aprilis 1929
fr. Gulielmus a S. Alb., *Præp. Gen.*
fr. Fridericus a S.S. Sacr., *Secret*

Imprimatur
Montepessulano, die 14a martii 1945
A. Desfour, v. g.

EN COUVERTURE :
Le Greco, *Vue de Tolède en 1609* (détail)
Archives Lauros-Giraudon

ISBN 2-02-006725-0

AVERTISSEMENT

Les carmes doivent leur nom au Mont Carmel où le prophète Élie, dit la tradition, les avait installés. Leur histoire en Occident commença véritablement quand les religieux furent chassés de Terre sainte, au XIIIe siècle. Et jusqu'au XVe siècle, ils occupèrent une place à part, entre les prêcheurs et les chartreux, c'est-à-dire tiraillés entre Marthe et Marie, entre l'action et la contemplation. Difficile équilibre que vint rompre une série de dégradations, d'abus, donc de conflits.

La gêne financière aboutit à la vente organisée de titres comme celui de chapelain pontifical qui devint purement honorifique ; le prestige des qualifications universitaires poussa beaucoup de jeunes religieux hors des couvents où ils revenaient, après leurs études, à la tête des autres... Certains faisaient même l'économie de l'université, qu'un nouveau privilège avait promus *doctores bullati*, c'est-à-dire docteurs sur le parchemin seulement. Si l'on ajoute que la peste et la guerre avaient rendu le recrutement des postulants plus difficile, donc moins regardants, et quand on sait que les caisses étaient regarnies en partie par l'exploitation de « dévotions » populaires proches de la magie, on comprend que la règle primitive des ermites du Mont Carmel n'était plus adéquate. Faute de pouvoir réformer les moines, on déforma la loi : une « mitigation » de la règle fut demandée au pape qui l'accorda en 1432.

Simultanément, on s'en doute, se développait un mouvement de retour à la règle primitive qui, parti de Mantoue, gagna plus tard la France à partir d'Albi. D'autre part, sous le régime de la mitigation qu'il considérait comme un minimum, Jean Soreth, carme de Caen et gradué à l'université de Paris, avait été élu prieur général de l'ordre en 1451, l'année même où le cardinal Nicolas de Cues, en visite canonique dans le Nord de l'Europe, décrétait que les communautés de femmes vivant sans règle — recluses ou béguines notamment — devraient se rattacher à un ordre existant. Jean Soreth organisa donc les premiers couvents de carmélites, qu'on appelle couramment aujourd'hui des carmels.

En Espagne, où la mitigation avait été assez bien acceptée, les premiers carmels furent très vite florissants : au moment où l'Amérique attirait beaucoup de jeunes gens, beaucoup de jeunes filles n'avaient d'avenir qu'au couvent. Ainsi, quand Teresa de Ahumada y Cepeda (qui eut neuf frères : la plupart capitaines aux Indes occidentales) entra au carmel de l'Incarnation, à Avila, le 2 novembre 1536, c'est dans une communauté de cent quarante religieuses que s'intégra la future sainte Thérèse d'Avila.

Elle resta dans ce couvent un quart de siècle et ne le quittera qu'en mars 1563, emmenant quelques sœurs dans une petite maison d'un quartier pauvre d'Avila, pour y vivre selon la règle primitive. L'année suivante, en 1564, Juan de Yepes, le futur saint Jean de la Croix, après avoir été élève des jésuites, entrait au couvent des carmes mitigés de Medina del Campo et prenait le nom de frère Jean de Saint Mathias. En 1567, après des études complètes à Salamanque, il était ordonné et rencontrait pour la première fois la madre Teresa de Jesus. Il avait vingt-cinq ans, il était insatisfait chez les carmes et voulait entrer chez les chartreux. Elle avait dépassé la cinquantaine, elle avait déjà vécu les meilleures années de sa vie dans son petit couvent de carmélites « déchaussées ». Pour l'histoire, la rencontre de ces deux Castillans inaugure une des aventures spirituelles les plus cruciales de toute l'histoire.

Pourtant, ou pour cela, la vie de l'un et de l'autre sera occupée essentiellement par les difficultés et les embûches qu'on opposera à la réforme du Carmel, la grande affaire de leur existence. Avec tant de péripéties que les biographes emplissent des in-octavo en s'excusant de ne pouvoir entrer dans le détail.

Mitigés, déchaussés, les mots n'ont rien de mystique et sont plutôt triviaux. Ils recouvrent plus d'un siècle de querelle et d'incompréhension. Parce qu'ils cachent, de leur trivialité même, cet enjeu constant de la vie religieuse qu'est sa radicalité (de là que, lorsqu'il quitta le drap des mitigés pour la bure de la réforme, le père Jean abandonna le patronage de saint Mathias pour s'appeler Jean de la Croix). Et puis dans cette lutte entre mitigés et déchaussés, la férocité des premiers qui défendaient des privilèges n'a eu d'égale que la maladresse des seconds, dont on peut se demander s'ils se rendaient compte, dans cette Espagne qui dominait le monde, de l'enjeu politique qu'ils représentaient pour un Philippe II, soucieux de régner sur tout ce qu'il y avait de vivant, y compris donc sur toute vie religieuse.

La lucidité de Thérèse et de Jean est d'un autre ordre. Elle, dont on a envie de souligner le tempérament mâle, est la détermination infatigable et l'entêtement. Elle est la réformatrice. Lui est le réformé. Lui, sage, petit, mauvais négociateur et conscient de ses limites (« Je ne suis pas fait pour traiter avec les gens », dit-il). Elle, respectueuse presque avec supériorité : « mon petit Sénèque », dit-elle un jour de lui. Lui, l'obéissance et la certitude inébranlable que la vérité est dans l'obéissance, puisque la volonté de Dieu, et donc l'amour de Dieu, se manifestent par cette voie aussi. Dans les chapitres, non seulement il ne briguera jamais une responsabilité, mais encore il fera tout pour ne pas en être chargé. Et on lui confiera pourtant les missions les plus délicates.

Il aura charge d'âmes. Et d'âmes nombreuses. Et des plus difficiles : autant de jeunes femmes riches et belles et intelligentes et nobles que de paysannes et de pauvres mulâtresses. Et quand une nouvelle affectation l'éloigne d'elles et l'envoie à d'autres, il écrit, promet une visite, tient sa promesse. Partout, il s'acquitte de son rôle de guide avec une attention pleine d'affection et de rigueur, une passion de l'autre retenue seulement par la nécessaire douceur des nuances; avec amour, en un mot (en un mot que, paradoxalement pour des chrétiens, ses meilleurs biographes hésitent à écrire), et avec ce partage de l'amitié et la réciprocité de l'estime qui caractérisent les maîtres spirituels.

Or, il faut souligner que dans le christianisme, le maître spirituel n'a pas de statut. Alors que le prieur en a un. Le statut de Jean de la Croix change-t-il ? Il obéit : il s'en va. Lui confie-t-on un nouveau couvent, une fondation, une direction ? Il charge un âne et il prend la route vers sa nouvelle aventure, avec un compagnon dont il fera un ami. La route elle-même sera spirituelle. Comme toute sa vie sera ballottée, les véritables haltes seront encore ses retrouvailles avec la nature, ses longues marches, ses pauses dans la montagne, ses méditations parmi les fleurs. Et la Castille et l'Andalousie valent bien l'Ombrie de François d'Assise. De même que ses ennemis sont aussi et plus tenaces que ceux du Poverello : il sera emprisonné par ses frères mitigés, nous le verrons; il sera excommunié. Plus tard, en 1591, on l'enverra au Mexique pour se débarrasser de lui, de son influence : il fait ses bagages. Puis on se ravise : eh bien, il restera.

Confiant, mais usé à quarante-neuf ans, il mourra à Ubeda moins de six mois après. Non sans avoir fait brûler un sac bourré de manuscrits qu'il avait sous la tête, et qui contenait, entre autres, les lettres de la mère Thérèse, morte elle-même neuf ans plus tôt. Voilà deux vies achevées qui ont été intimement liées. Deux vies actives et persécutées, constamment contrecarrées dans leur aventure mystique, mais dont il est impossible de dire ce qu'elles eussent été si leur déroulement n'avait connu que la tranquillité... L'œuvre écrite de Thérèse et de Jean a pâti, en tout cas, du tracas permanent. La dernière, surtout, qui reste en grande partie inachevée, quand elle n'est pas tout simplement perdue. Car tel a été le fétichisme : on avait conservé la ceinture de Jean, le gobelet où il avait bu, un dessin ou un message de lui, au même titre de reliques précieuses que la copie de ses textes, qui pouvaient par ailleurs être plus compromettants.

Que nous reste-t-il, enfin, de lui ? A part deux douzaines de lettres, à part des maximes qui sont comme des sujets de méditation laissés à ceux et celles qui lui demandaient conseil, et qui leur servaient de signets, Jean de la Croix a écrit essentiellement des poèmes. Trois de ces poèmes allaient être à l'origine de commentaires et de gloses rédigés par Jean lui-même ; ils sont prétextes à des traités plus exactement, qui nous sont parvenus plus ou moins bien conservés, et plus ou moins altérés : c'est d'abord le poème de la « Subida » dont la glose donnera *la Montée du Carmel* et *la Nuit obscure ;* puis un autre poème, également inspiré du *Cantique des Cantiques*, dont la glose occupe *le Cantique spirituel ;* enfin les quatre strophes de la « Llama », *la Vive Flamme d'amour*, commentées pour Ana de Peñalosa, en 1584. Ces quatre strophes exceptées, les poèmes ont été composés, semble-t-il, dans l'ombre de la cellule où les mitigés de Tolède tinrent Jean de la Croix enfermé, en 1577 et 1578.

En juin 1577, c'est à Tolède que Thérèse d'Avila commence la rédaction du *Château intérieur*, qu'elle achèvera à Avila en novembre. Le 18 juin meurt le nonce Ormaneto, défenseur de la réforme. Les mitigés relèvent la tête. Le 2 décembre, à Avila, avec des gens armés, ils vont quérir Jean de la Croix. Il n'a que le temps de déchirer quelques papiers et d'avaler les plus compromettants. Il est battu, emmené, et personne ne saura pendant longtemps qu'il est séquestré chez les chaussés de Tolède, dont le couvent domine le Tage à l'endroit abrupt où est jeté le pont d'Alcantara.

Tolède 1577 ! Le Greco (né en Crète, en 1541 : un an avant Jean de la Croix) peint à Santo Domingo el Antiguo — où il sera enterré. Il peint aussi, pour la sacristie de la cathédrale, cet *Espolio* dont le réalisme scandalisera les chanoines et l'entraînera devant l'alcalde.

Pendant que le père Jean de la Croix — le bien nommé — vérifie dans sa geôle cette loi que le héros d'un événement spirituel en est la première victime, Cervantes a trente ans : esclave à Alger, il compose des suppliques à la Vierge, qu'il prie en vers de l'arracher aux Barbaresques. Lope de Vega a quinze ans et prend part à l'expédition des îles Terceras contre les Portugais, loin de se douter que le drame de sa vie sera l'entrée de sa fille au carmel de Tolède... A Rome, Grégoire XIII, le successeur de Pie V, confie à Palestrina la révision du plain-chant. A Venise, Véronèse décore le palais des doges. Barbe Avrillot, la future madame Acarie, qui sera en France parmi les premières lectrices des textes de Jean de la Croix, avant même leur publication, a douze ans. François de Sales, Jeanne Frémyot (future baronne de Chantal), Bérulle, Vincent de Paul, Jacob Boehme sont des enfants.

Jean de la Croix, affaibli, fouetté, est jeté dans un trou long de dix pieds, large de six. Il y passera neuf mois, des gelées à l'étouffement de l'été. On l'en sort pour un repas de pain et d'eau, servi au sol, pris à genoux, au milieu du réfectoire des quatre-vingts *frères* qui, tous les vendredis, lui donnent la discipline.

Au bout de six mois de ce régime, l'habit de drap des chaussés dont on l'a revêtu de force n'est plus qu'une loque : son geôlier, dont l'histoire — d'habitude plus sévère — n'a pas gardé le nom, est remplacé par le frère Jean de Sainte Marie qui lui donnera de l'encre, du papier, puis une aiguille, des ciseaux, du fil... et sera l'instrument de la fuite. Car le père Jean de la Croix, obéissant et soumis, persuadé que l'œuvre de Dieu s'accomplit par sa captivité, s'évadera de Tolède également par obéissance, quand, la nuit du 15 août, il recevra de Notre Dame la certitude qu'il doit partir. En quelques minutes, ce petit homme épuisé et exsangue (une « relique pourpre », dit le père Bruno) devient le héros d'une cavale proprement miraculeuse, et qui dans un domaine romanesque aurait paru trop rocambolesque à Ponson du Terrail lui-même.

Cette prison qu'il quitte comme on mue, est-ce là que Jean de la Croix fut éclairé par la flamme d'amour, éclairé et brûlé ? Tout porte à le croire. Il ne l'a jamais raconté. L'autobiographie ne l'intéresse pas. Pourtant il a raconté son évasion dans cette nuit de Tolède qui n'avait rien de mystique. Son seul bagage : le cahier de poèmes qu'il avait composés dans l'exultation de sa misère et qu'il avait transcrits quand on lui avait laissé du papier.

Quel genre de poèmes rédige-t-on quand on fait l'expérience de l'amour de Dieu dans le temps et le lieu de la plus grande hostilité, et que la mémoire seule peut en donner le cadre et en conserver les mots ? Jean de la Croix se souvient de la Bible. Et quand on lit le poème de *la Nuit obscure*, on n'est pas étonné que le *Cantique des Cantiques*, le livre le plus lyrique de la Bible, soit le livre de la Bible le plus cité dans l'ensemble de l'œuvre de Jean de la Croix après les *Psaumes*, et bien plus que les livres du Nouveau Testament. (De même qu'on ne s'étonnera pas que dans les commentaires qu'il donnera au poème, le livre biblique le plus cité après les *Psaumes* soit celui de *Job*, et que le plus cité après le *Cantique des Cantiques* soit celui des *Lamentations*.)

Quant à la forme même, l'ancien étudiant de Salamanque doit beaucoup, trop pour certains, à Garcilaso, le poète-soldat tué en Provence pour Charles Quint en 1536. Le naturalisme païen de Garcilaso (né à Tolède quand Colomb rentrait d'Amérique), son amitié pour Boscan (comme l'amitié de Montaigne pour La Boétie), son amour pour Isabel Freyre, tout en lui représentait l'idéal humain de la Renaissance, tout autant que *le Courtisan* de Baltasar Castiglione (qu'allait traduire Boscan, et qui est en Italie et à la Renaissance ce que sera en Espagne et au XVIIe siècle *l'Homme de cour* de Baltasar Gracian).

Voilà pour les poèmes de Jean de la Croix, et en particulier celui que commentent *la Montée du Carmel* et *la Nuit obscure*. Quant aux commentaires, *la Montée du Carmel* insiste en détail sur le rôle actif de l'âme dans son ascension vers Dieu. *La Nuit obscure* montre, à l'inverse, le rôle de l'initiative divine dans la purification des sens et de l'esprit : nous sommes ici dans la voie passive, *lo pasivo ;* à ce point que Jean de la Croix prétend parfois se contenter de faire œuvre de description, disons de discernement : « Ce que je me suis proposé dans cet écrit, c'est d'expliquer cette nuit de la contemplation à beaucoup d'âmes qui s'y trouvaient et qui n'en avaient pas connaissance. »

Il a résolu de livrer son bilan : à la fois son expérimentation personnelle de la nuit et son expérience de celle-ci, à l'écoute d'autrui dans les nombreuses, les affectueuses directions spirituelles qu'il a eues à mener.

L'ouvrage que nous avons en main n'est pas complet : le début seulement du poème y est commenté. Nulle part d'ailleurs, dans l'œuvre de saint Jean, les strophes III, IV et V ne sont commentées. Texte perdu, jamais recueilli, voire jamais rédigé ? Nulle part non plus Jean de la Croix n'a donné le plan général de ses œuvres. Et ceux qui ont essayé de l'établir n'ont réussi que des hypothèses. Au moins nous donne-t-il, comme disait Jean Baruzi, « les règles strictes qu'il a systématisées d'un passage de la méditation à la contemplation », la nuit des sens permettant la connaissance de soi, la nuit de l'esprit aboutissant à la connaissance de Dieu.

Le mystique, dans le silence de tout ce qui peut être discursif, entre en la nuit de l'esprit ; il devient le sujet d'une vision de l'absolu : il est au-delà du poète et du philosophe puisque sa vision est *à la fois* une jouissance où il se perd et une représentation où lui est révélé l'Autre.

Faut-il, dès lors, encore regretter l'inachèvement de l'œuvre ? Achevée, nous aurait-elle menés plus loin ? Ce n'est pas un manque de foi qui a laissé les cathédrales sans flèches. Et une lecture d'esprit pastoral a donné trop de place à la prescription de l'itinéraire.

On a en effet trop enfermé la doctrine de la nuit dans le déroulement de la nuit. On a trop dit que les œuvres de saint Jean de la Croix étaient des traités pratiques. Les termes d'itinéraire, de voie, de chemin sont ici symboliques, donc trompeurs. Il ne s'agit pas de sentiers de grande randonnée ; on ne grimpe pas au Mont Carmel avec un guide Vallot.

Jean de la Croix traite de la nuit sur le mode lyrique : c'est le poème. Et sur le mode doctrinal : c'est la dissertation, où il établit les conditions de l'union à Dieu. Mais non un mode d'emploi. La description de l'échelle mystique, ou des couleurs de la livrée, est tributaire des énumérations et des inventaires des scolastiques médiévaux : on n'est pas pour autant au jeu de l'oie ou devant un thermomètre de l'amour de Dieu.

Gardons aussi à la métaphore son rôle de métaphore : ne lui donnons pas figure de réalité. Cela est facile quand elle est secondaire ou quand elle paraît obsolète au lecteur moderne : l'âme qui est féminine, qui est l'épouse, par exemple ; ou bien l'enfant au sein, auquel la contemplation sera donnée « comme par petites bouchées ». Les images plus neuves sont encore, visiblement si l'on peut dire, forgeries du poète ou du philosophe : celle du hibou en plein soleil par exemple, ou encore celle du rayon de soleil dans l'atmosphère limpide.

La force et l'universalité — voire l'obscurité — d'un symbole comme celui de la nuit, en revanche, peut prêter à une surenchère psychologique à laquelle il faut ne pas céder. Disons, pour filer la métaphore, que la nuit sanjuaniste n'est pas noire, parce qu'elle n'est ni dramatique, ni tragique. Elle n'est pas dramatique parce que la scène est vide de tout personnage ; comme le nocturne liturgique, elle est réceptrice seulement de leçons divines, elle est pleine de psaumes. Le nocturne romantique, à l'opposé, est une romance mélancolique (à deux au moins) et pathétique ; et la nuit romantique est grosse de « quelque chose dans l'âme qui demande à sortir », comme l'écrivait Musset en 1835.

La nuit sanjuaniste n'est pas non plus tragique. Elle n'a rien à voir avec cette *Nuit* sculptée au tombeau des Médicis, œuvre commencée dans l'enthousiasme et achevée dans l'angoisse, où sont figés dans la pierre, comme dans le *Jour*, la fièvre de la colère et de la honte, l'accablement de la douleur et de la tristesse, bref la révolte et l'écrasement de Michel-Ange qui commente de façon poignante :

> *Non veder, non sentir mi è ventura...*
> Ne plus voir, ne plus sentir m'est grand fortune.

La nuit (autant que le chemin) est et n'est que l'épreuve centrale du traité de Jean de la Croix, elle n'en est pas la fin : elle n'a donc pas à être hypostasiée. Justement parce qu'elle est le passage à vide, par le néant, le rien qui est le moyen, la condition de l'illumination et de l'embrasement.

Hypostasié, le symbole devient un artifice et ce qu'il gagne en lisibilité, il le perd dès lors dans son efficacité, il devient un simple véhicule à tout faire qui sera utilisé abusivement comme navette, comme liaison entre des pensées tout à fait étrangères. Le vague de l'image devient prétexte à confondre le geste de Jean de la Croix avec n'importe quoi.

Des exemples ?

> Fréquemment Dieu t'enseigne dans la nuit
> de la désolation.

Il est évidemment tentant de rapprocher cette sentence d'Ibn Abbad Rundî de ce que dit saint Jean de la Croix, et on a fait de celui-là un précurseur hispano-musulman de celui-ci.

De même, on a rapproché le *nada*, le rien sanjuaniste, du *neti* indien; et on a rapproché la nuit obscure de certaines formes de yoga. On a rapproché, plus précisément, la nuit des sens et la nuit de l'esprit, comme les sept demeures du *Château intérieur* de Thérèse, des « membres » du yoga de Patanjali. Débats de comparatistes. Délices de syncrétistes. Désir du noir. Y a-t-il, dans tous les cas, beaucoup plus que de saisissantes mais trompeuses coïncidences de vocabulaire entre des lexiques différents ?

Tous ceux qui cherchent Dieu sont frères, mais la parenté entre les mystiques vient de leurs descendants communs plutôt que d'un tronc généalogique antérieur. Et les querelles de famille éclatent aisément de l'acculturation entre des stylisations littéraires qui n'avaient pas à être rapprochées ou raboutées. Jean de la Croix connaissait bien les *alumbrados* d'Andalousie, qui étaient si l'on peut dire des illuminés obscurantistes, mais il n'avait rien de commun, ou presque, avec eux. Si un cousinage doit être reconnu, c'est celui des septentrionaux nocturnes qu'il avait probablement lus : Suso, Tauler, Ruysbroek, l'*Imitation*. Encore cette communauté de pensée est-elle elle-même en creux, « négative » : exemple cet agacement devant les prodiges, ravissements et extases, ce que Jean appelle ici des « dislocations des os » et qu'il ne considère pas comme des signes de progrès spirituel mais comme des effets de la corruption de la sensualité.

Dans un autre ordre d'idées, on ne peut pas non plus voir dans la poésie de Jean de la Croix le baptême ou simplement la sublimation de Garcilaso, par exemple de ce passage de l'*Egloga segunda* que traduit Max Milner :

> La cinquième nuit enfin, mon sort cruel
> pour me mener là où devait se rompre
> cette toile solide de la vie
> me fit sortir de ma chaumière
> dans le silence de la nuit obscure.

Alors, on pourrait voir en Rilke un plagiaire (un neveu) de Jean de la Croix quand il implore :

Donne une nuit qui à l'homme permette
de recevoir ce qui jamais encore
n'atteignit profondeurs humaines.

Ce qu'il y a de commun entre Jean et Garcilaso, on l'a vu, c'est la *forme*. C'est-à-dire, justement, ce qui n'est pas la doctrine. Encore une fois, la carte routière (et elle est belle), non le territoire. Mais l'image et le mot deviennent superflus quand ils ne supportent que le rêve éveillé... ou quand ils ne sont plus que tapage nocturne.

Certes, Jean donnait parfois à ses dirigées, au lieu d'une maxime à méditer, un croquis de la montée du Carmel qui ressemblait à une carte du Tendre, tel celui dédié *para mi hija Madalena* qui figure en hors-texte de bien des éditions des *Œuvres*. Mais il traite là de l'au-delà des images : de nuit obscure. De la nuit de la foi et de sa transfiguration amoureuse. A certaines questions, il n'hésitait pas à répondre en donnant un croquis du Crucifié. Comme on donne un autographe.

Adios.

Jean-Pie Lapierre

NOTE BIBLIOGRAPHIQUE

La traduction de *la Nuit obscure* imprimée ici est extraite des *Œuvres spirituelles de saint Jean de la Croix* publiées aux éditions du Seuil en 1947. L'auteur de cette traduction, le P. Grégoire de Saint Joseph, était mort au couvent des carmes de Monte-Carlo en 1929; le travail qu'il avait accompli sur l'édition du P. Gerardo avait été revu par le P. Ernest sur l'édition du P. Silverio. C'est également de ce volume des *Œuvres spirituelles...* qu'est extraite l'édition de poche de *la Montée du Carmel* parue dans la collection « Livre de Vie ». Les meilleures biographies de saint Jean et de sainte Thérèse sont françaises. *La Vie de sainte Thérèse d'Avila* par Marcelle Auclair existe également dans la collection « Livre de Vie ». Faute du *Saint Jean de la Croix* du P. Bruno (Plon, 1929), qui est épuisé, on se réferera au *Saint Jean de la Croix et la nuit mystique* d'Yvonne Pellé-Douël (Seuil, 1960, collection « Maîtres spirituels ») ou au *Jean de la Croix, sa vie* de Crisogono de Jesus (Cerf, 1982). Pour une étude approfondie, on se reportera aux travaux (épuisés) de Jean Baruzi. Et aux trois volumes de Georges Morel parus sous le titre : *Le Sens de l'existence selon saint Jean de la Croix* (Aubier, 1961, collection « Théologie »).

Les curieux de comparatisme liront, outre les travaux d'Olivier Lacombe, les conférences de Swami Siddheswarânanda publiées sous le titre : *Pensée indienne et Mystique carmélitaine* (Gretz, 1974).

L'introduction du présent ouvrage est tributaire enfin des volumes de la collection « La vigne du Carmel », aux éditions du Seuil (notamment l'*Histoire du Carmel* du chanoine Henri Peltier, parue en 1958, et *Poésie et mystique selon saint Jean de la Croix*, par Max Milner, qui date de 1951), ainsi que de la revue « Études carmélitaines » publiée autrefois chez Desclée de Brouwer par le P. Bruno : en particulier les volumes intitulés *Nuit mystique* (octobre 1938) et *Bible et Mystique dans saint Jean de la Croix*, par Jean Vilnet (1949).

LA NUIT OBSCURE

EXPLICATION DES STROPHES QUI NOUS MONTRENT COMMENT L'ÂME DOIT SE CONDUIRE DANS LA VOIE SPIRITUELLE POUR ARRIVER À L'UNION D'AMOUR AVEC DIEU AUSSI PARFAITE QU'ELLE EST POSSIBLE SUR LA TERRE. ON DÉCLARE EN OUTRE D'APRÈS CES MÊMES STROPHES QUELLES SONT LES PROPRIÉTÉS DONT JOUIT CELUI QUI ARRIVE À CETTE PERFECTION.

EXPOSITION DU SUJET.

Ce livre commence par donner toutes les strophes. Il expliquera ensuite chaque strophe séparément, en donnant tout d'abord la strophe elle-même; puis il expliquera chaque verset de la strophe, en ayant soin de le rappeler tout d'abord.

Les deux premières strophes montrent les effets des deux purifications spirituelles de la partie sensible de l'homme et de la partie spirituelle. Les six autres exposent les effets divers et admirables qui proviennent de l'illumination spirituelle et de l'union d'amour avec Dieu.

CANTIQUES DE L'AME

I

Par une nuit profonde,
Étant pleine d'angoisse et enflammée d'amour,
Oh ! l'heureux sort !
Je sortis sans être vue,
Tandis que ma demeure était déjà en paix.

II

J'étais dans les ténèbres et en sûreté
Quand je sortis déguisée par l'escalier secret,
Oh ! l'heureux sort !
J'étais dans les ténèbres et en cachette,
Tandis que ma demeure était déjà en paix.

III

Dans cette heureuse nuit,
Je me tenais dans le secret, personne ne me voyait,
Et je n'apercevais rien
Pour me guider que la lumière
Qui brûlait dans mon cœur.

IV

Elle me guidait
Plus sûrement que la lumière du midi
Au but où m'attendait
Celui que j'aimais,
Là où nul autre ne se voyait.

V

O nuit qui m'avez guidée !
O nuit plus aimable que l'aurore !
O nuit qui avez uni
L'aimé avec sa bien-aimée
Qui a été transformée en lui !

VI

Sur mon sein orné de fleurs,
Que je gardais tout entier pour lui seul,
Il resta endormi,
Et moi je le caressais
Et avec un éventail de cèdre je le rafraîchissais

VII

Quand le souffle provenant du fort
Soulevait déjà sa chevelure,
De sa douce main
Posée sur mon cou il me blessait,
Et tous mes sens furent suspendus.

VIII

Je restai là et m'oubliai,
Le visage penché sur le Bien-Aimé.
Tout cessa pour moi, et je m'abandonnai à lui.
Je lui confiai tous mes soucis
Et m'oubliai au milieu des lis.

ON COMMENCE L'EXPLICATION DES STROPHES QUI MONTRENT COMMENT ET DE QUELLE MANIÈRE L'AME DOIT SE DIRIGER DANS CE CHEMIN DE L'UNION D'AMOUR AVEC DIEU.

Avant de commencer l'explication de ces strophes il est bon de rappeler ici que l'âme les prononce lors qu'elle est déjà parvenue à la perfection, c'est-à-dire à l'union d'amour avec Dieu. Elle est déjà passée par de rudes épreuves et angoisses en pratiquant les exercices spirituels du chemin étroit de la vie éternelle dont le Sauveur parle dans l'Évangile et par lequel passe d'ordinaire l'âme qui doit arriver à cette sublime union avec Dieu. Et dès lors que ce chemin est si étroit et qu'il y en a si peu qui le suivent, au dire même de Notre-Seigneur [1], l'âme considère comme un grand bonheur et une heureuse fortune de l'avoir parcouru pour arriver à la perfection de l'amour. C'est ce qu'elle chante dans cette première strophe; elle donne à bon droit le nom de nuit profonde à ce chemin étroit, comme elle va l'expliquer dans les versets de cette strophe : aussi, tout heureuse d'avoir passé par ce chemin étroit d'où lui est venu un si grand bien, elle fait entendre ce chant :

1. *Mat.*, VII, 14.

NUIT DES SENS

STROPHE PREMIÈRE

Par une nuit profonde,
Étant pleine d'angoisse et enflammée d'amour,
Oh! heureux sort !
Je sortis sans être vue!
Tandis que ma demeure était déjà en paix.

EXPLICATION

L'âme raconte dans cette première strophe de quelle manière elle est sortie par ses affections et d'elle-même et de tout le créé; et comment elle a pratiqué le véritable renoncement pour mourir à elle-même et à tout le créé; c'est ainsi qu'elle est arrivée à vivre d'une vie d'amour pleine de douceur et de suavité en Dieu. Elle dit que cette sortie s'est accomplie à la faveur d'une nuit profonde, c'est-à-dire à l'aide de la contemplation purgative, qui, comme elle l'expliquera plus loin, opère passivement dans l'âme le renoncement à elle-même et à tout le créé. Si elle a pu sortir, ajoute-t-elle, c'est grâce à la force et à la véhémence de l'amour que son divin Époux lui a donné dans cette contemplation obscure. Par là elle exalte l'heureuse fortune qu'elle a eue d'arriver à Dieu si heureusement par cette nuit; car aucun des trois ennemis qui sont le monde, le démon et la chair, et qui ne cessent de lui barrer le chemin, n'a pu l'empêcher d'avancer. Cette nuit de la contemplation purgative a assoupi et endormi dans la maison de sa sensualité toutes les passions et tendances qui lui étaient opposées.

Le vers dit en effet :

Par une nuit profonde.

Premiers vers

I

(Chapitre I) [1]

ON COMMENCE A PARLER DES IMPERFECTIONS DES COMMENÇANTS.

L'âme commence à entrer dans cette nuit profonde quand Dieu l'élève au-dessus de l'état de ceux qui débutent, c'est-à-dire de ceux qui se servent encore de la méditation dans la voie spirituelle; Dieu la met peu à peu dans l'état de ceux qui sont avancés, c'est-à-dire celui des contemplatifs, afin de l'amener ainsi à l'état des parfaits, qui est celui où l'âme s'unit à Dieu. Aussi afin de mieux expliquer et montrer ce qu'est cette nuit par laquelle l'âme passe et pour quel motif elle y est mise par Dieu, il convient tout d'abord de parler rapidement ici de quelques imperfections des commençants, et cet exposé, si bref qu'il soit, ne manquera pas de leur être utile. Ils comprendront par là quelle est l'infériorité de l'état où ils sont; ils se stimuleront et désireront que Dieu les introduise dans cette nuit où l'âme se fortifie par l'exercice des vertus et goûte les délices inestimables de l'amour de Dieu. Mais bien que nous nous arrêtions un peu à cet exposé, nous ne le ferons que dans

1. Nous mettons entre parenthèses la division par chapitres, comme l'avait fait le P. Gérard, et telle qu'elle est dans l'édition du P. Silverio (Burgos, 1929), qui, lui, ne donne pas les paragraphes.

la mesure qui est nécessaire, car nous avons hâte de traiter de la nuit obscure.

Or, sachons-le bien, quand l'âme se détermine généreusement à servir Dieu, elle est d'ordinaire élevée par lui dans la voie spirituelle et l'objet de ses attentions. Voyez la conduite d'une tendre mère pour son enfant chéri; elle le réchauffe sur son sein; elle le nourrit d'un lait savoureux ainsi que de mets délicats et doux; elle le porte dans ses bras; elle le couvre de ses caresses. A mesure que son enfant grandit, elle s'applique peu à peu à lui enlever les caresses, à lui cacher la tendresse de son amour, à l'éloigner de son doux sein sur lequel elle a mis du suc amer d'aloès, à le poser à terre, pour qu'il s'exerce à marcher par lui-même, laisse les imperfections de l'enfance et acquière de la force et de la virilité. C'est ce que fait la grâce de Dieu; elle imite cette mère pleine d'amour, dès que l'âme a été engendrée de nouveau par le désir ardent de servir Dieu[1]. Elle lui fait trouver sans travail la douceur et la saveur du lait spirituel qui se trouve dans toutes les choses de Dieu et goûter une joie profonde dans les exercices spirituels. Dieu, en effet, porte ici cette âme sur son sein qui distille l'amour le plus tendre, comme le fait une mère pour son cher petit enfant. Aussi met-elle ses délices à rester longtemps en oraison et à y passer peut-être des nuits entières. Son goût est de faire pénitence, sa joie de jeûner, sa consolation de fréquenter les sacrements et de s'occuper des choses divines. Sans doute elle s'adonne à ces pratiques avec profit et assiduité, elle en profite et s'en sert avec le plus grand soin, mais au point de vue spirituel elle se conduit d'une manière très faible et très imparfaite. En effet, elle se porte à ces pratiques et à ces exercices spirituels à

1. *Sag.*, XVI, 25.

cause de la consolation et du goût qu'elle y trouve. Or comme elle n'a pas encore lutté généreusement pour acquérir les vertus solides, elle apporte dans toutes ses pratiques de piété une foule de fautes et d'imperfections; car, en définitive, chaque âme agit d'après le degré de perfection où elle se trouve. Mais comme elle n'a pas eu l'occasion d'acquérir des habitudes fortes, il s'ensuit de toute nécessité qu'elle agira comme l'enfant, d'une manière faible.

Nous devons exposer plus clairement cette vérité et montrer combien sont imparfaits dans la vertu ces commençants qui agissent avec cette facilité et ce goût dont nous avons parlé. Nous traiterons donc des sept péchés capitaux et, au fur et à mesure, nous montrerons quelques-unes des nombreuses imperfections que les commençants commettent en chacun d'eux; c'est alors ainsi qu'on verra comment ils se conduisent en enfants; mais on verra, en outre, quels avantages apporte avec elle la nuit obscure dont nous allons parler tout de suite, puisque c'est elle qui purifie et délivre l'âme de toutes ces imperfections.

II

(Chapitre II)

DE QUELQUES IMPERFECTIONS SPIRITUELLES DES COMMENÇANTS PAR RAPPORT À L'ORGUEIL.

Les commençants dont nous parlons se sentent remplis de ferveur et d'entrain pour ce qui concerne les choses spirituelles et les exercices de piété. Et, s'il est vrai que les choses saintes portent par elles-mêmes à l'humilité, cette heureuse disposition, par suite de son imperfection, engendre souvent un certain orgueil secret qui porte les commençants à avoir quelque satisfaction de leurs œuvres et d'eux-mêmes. De là leur vient une certaine vanité, parfois très grande, de parler des choses spirituelles en présence des autres, et même quelquefois de vouloir les enseigner plutôt que de les apprendre. Voilà pourquoi, en outre, on condamne intérieurement les autres quand on ne les voit pas entendre la dévotion de la même manière. Il arrive même qu'on les blâme de vive voix, comme le pharisien qui, tout en louant Dieu, se vantait de ses bonnes œuvres et méprisait le publicain[1]. Mais bien souvent c'est le démon qui suggère ce zèle et ce désir d'entreprendre ces œuvres et d'autres encore dans le but d'augmenter en nous l'orgueil et la présomption. Le démon, en effet, sait fort bien que toutes ces œuvres et tous ces actes de vertus que les commençants accomplissent alors, non seulement ne leur sont d'aucun mérite, mais qu'ils se transforment plutôt en vices. Quelques-uns même en viennent à tel point qu'ils ne veulent pas que personne paraisse bon en dehors d'eux; aussi les voit-on, à l'occasion, parler et agir pour condamner et rabaisser le prochain; ils voient la paille qui est dans l'œil de leur frère, mais ils ne voient pas la poutre qui est dans le leur; ils chassent des autres un moucheron, et ils avalent un chameau[2].

Parfois aussi, quand le maître spirituel, c'est-à-dire le confesseur ou supérieur, n'approuve pas leur esprit et leur manière d'agir, car ils veulent qu'on estime et qu'on loue leurs œuvres, ils déclarent qu'ils ne sont pas compris. D'après eux ce directeur n'est pas un homme spirituel, dès lors qu'il n'approuve pas leur

1. *Luc*, XVIII, 11.
2. *Mat.*, VII, 3; XXIII, 24.

conduite et ne se prête pas à leur manière de voir. Voilà pourquoi ils conçoivent aussitôt le désir d'avoir un autre guide; ils s'appliquent à en trouver un qui s'accommode à leur goût; d'ordinaire, en effet, ils recherchent celui qu'ils croient disposé à donner des louanges et de l'estime à leurs œuvres. Ils fuient comme la mort celui qui s'oppose à de telles œuvres, pour les remettre eux-mêmes dans le droit chemin : et ils le prennent même parfois en aversion. Comme ils présument beaucoup d'eux-mêmes, ils font d'ordinaire beaucoup de projets et agissent peu. Quelquefois ils désirent que les autres connaissent leur genre de spiritualité et leur dévotion, et dans ce but ils se donnent beaucoup de mouvement, ils poussent des soupirs, ils prennent des attitudes étranges. Ils ont l'habitude d'avoir de temps en temps quelques ravissements, mais en public plutôt qu'en secret, parce que c'est le démon qui leur prête la main; ils se complaisent lorsque ces effets extraordinaires, qu'ils convoitent tant, sont connus autour d'eux. Beaucoup cherchent à capter les bonnes grâces et la faveur du confesseur; et de là naissent mille sentiments d'envie et sujets de troubles. Ils éprouvent de la répugnance à confesser clairement leurs péchés, dans la crainte d'être moins estimés du confesseur; ils les colorent pour en atténuer la malice et s'ingénient à s'excuser, au lieu de s'accuser. Parfois même ils iront trouver un autre confesseur pour lui déclarer ce qu'ils ont de grave, et que le confesseur ordinaire ne trouve en eux rien de mauvais ou ne connaisse que ce qu'il y a de bon. Aussi sont-ils très contents de lui raconter fréquemment ce qu'ils font de bien; ils le font même en termes exagérés, ou du moins avec l'intention que leur œuvre paraisse bonne. En tout cas il serait plus humble, comme nous le dirons bientôt, de les passer sous silence et de sou. haiter que ni le confesseur ni personne n'en fasse cas-

Quelques-uns de ces commençants considèrent parfois leurs fautes, comme peu de chose, et dans d'autres circonstances ils se laissent aller à une trop grande tristesse à la vue de leurs chutes. Ils s'imaginent qu'ils devraient être déjà des saints; et ils se fâchent contre eux-mêmes ou s'impatientent, ce qui est encore une imperfection. Ils supplient Dieu avec les plus vives instances de les délivrer de leurs imperfections et de leurs fautes, plutôt pour n'en être plus ennuyés et vivre en paix que par amour pour lui. Ils ne considèrent pas que si Dieu les exauçait, ils n'en seraient peut-être que plus orgueilleux. Ils se gardent bien de louer les autres, tandis qu'ils aiment à être loués et que parfois même ils le prétendent; ils sont semblables à ces vierges folles qui tenaient à la main des lampes éteintes et demandaient de l'huile au dehors[1].

III

(Chapitre II, suite)

SUITE DU MÊME SUJET.

Quelques-uns tombent de là dans des imperfections plus nombreuses et très graves; ils arrivent même à commettre beaucoup de mal. Pour les uns le mal est plus ou moins grand; d'autres n'en subissent que les premiers mouvements ou un peu plus; mais c'est à peine s'il y en a qui en soient exempts au temps de la première ferveur. Ceux qui alors suivent le chemin de a perfection agissent d'une tout autre manière et avec

1. *Mat.*, XXV, 8, 9.

une trempe d'esprit toute différente. Ils font des progrès dans l'humilité et s'y affermissent profondément. Non seulement ils comptent pour rien leurs œuvres, mais ils sont très peu satisfaits d'eux-mêmes; ils regardent tous les autres comme bien meilleurs, et d'ordinaire ils leur portent une sainte envie qui leur fait concevoir le désir de servir Dieu comme eux. Plus leur ferveur est grande, plus ils accomplissent de bonnes œuvres et y trouvent de joie, pourvu qu'ils se tiennent dans l'humilité, plus aussi ils reconnaissent combien Dieu est digne de tous nos hommages, combien est peu de chose tout ce qu'ils font pour lui; voilà pourquoi ils ont beau travailler à sa gloire, ils ne sont jamais satisfaits. Leur charité et leur amour pour Dieu sont si intenses que tout ce qu'ils font pour lui ne leur paraît rien en considération de ce qu'ils voudraient faire. Cet amour les presse, les préoccupe, les enivre à tel point, qu'ils ne remarquent point ce que les autres font ou ne font pas, ou, s'ils le remarquent, ils s'imaginent toujours que tous les autres sont meilleurs qu'eux. Dès lors qu'ils ont peu d'estime d'eux-mêmes ils désirent être peu estimés des autres et même en être blâmés et méprisés. Ce n'est pas tout. Viendrait-on à louer leurs œuvres et à en faire l'éloge, ils ne pourraient y croire; car il leur paraît étrange qu'on les félicite du bien qu'ils ont accompli.

Ces âmes sont dans une grande paix et une humilité profonde. Elles ont un vif désir qu'on leur enseigne tout ce qui peut leur être utile. C'est là une disposition bien différente de celle des commençants dont nous avons parlé. Ceux-ci, en effet, prétendent faire la leçon à tout le monde : dès qu'ils s'aperçoivent qu'on va leur enseigner quelque chose, ils s'empressent de prendre eux-mêmes la parole, comme s'ils savaient déjà ce qu'on va dire. Les humbles, au contraire, sont bien loin de chercher à s'ériger en maîtres de personne. Ils sont tout disposés à suivre leur voie ou à en prendre une autre au moindre commandement, car la pensée ne leur vient jamais qu'ils ont raison. Ils se réjouissent quand on loue les autres, et leur seule peine, c'est de ne pas servir Dieu comme eux. Ils ne sont point portés à parler de leurs œuvres personnelles, parce qu'ils en ont si peu d'estime qu'ils sont même confus de les exposer à leur directeur; d'après eux, elles ne méritent pas qu'on en parle. Ils sont portés à parler de leurs fautes et de leurs péchés, plutôt qu'à faire connaître leurs vertus. Aussi recherchent-ils de préférence le directeur qui estime le moins leurs œuvres et leur manière d'agir. C'est là le propre d'un esprit simple, pur, droit et très agréable à Dieu. Comme, en effet, Dieu a infusé l'esprit de sagesse dans ces âmes humbles, il les meut et les porte à garder leurs trésors dans le secret du cœur et à manifester leurs misères. Dieu donne aux humbles cette grâce, en même temps que les autres vertus, mais il la refuse aux superbes.

Les humbles de cette trempe donneraient le sang de leur cœur à celui qui sert Dieu et qui les aiderait de tout son pouvoir à le servir. Quant aux imperfections dans lesquelles ils se voient tombés, elles sont pour eux l'occasion de se supporter avec humilité, avec douceur d'esprit comme aussi avec une crainte amoureuse de Dieu et une pleine confiance en lui. Mais les âmes qui, dès le début, marchent par cette voie de perfection sont, à mon avis, comme je l'ai dit, le petit nombre, et encore nous nous contenterions qu'il y en eût très peu à ne point tomber dans les défauts contraires. Voilà pourquoi, comme nous le dirons plus loin, Dieu introduit dans la nuit obscure ceux qu'il veut purifier de toutes ces imperfections pour les faire monter.

IV

(Chapitre III)

IMPERFECTIONS SPIRITUELLES OÙ TOMBENT ORDINAIREMENT QUELQUES-UNS DE CES COMMENÇANTS, PAR RAPPORT A L'AVARICE SPIRITUELLE, QUI EST LE SECOND DES PÉCHÉS CAPITAUX.

Il y a beaucoup de ces commençants qui tombent aussi parfois dans une grande avarice spirituelle. C'est à peine si vous les verrez contents de la vie spirituelle que Dieu leur donne; ils se laissent aller à la plus grande tristesse et ils gémissent parce qu'ils ne trouvent pas la consolation qu'ils attendaient dans les pratiques de piété. Ils n'en finissent plus de demander des conseils, des règles de vie spirituelle, ou de garder et de lire des quantités de livres qui traitent de ces matières; ils passent plus de temps à cela qu'à pratiquer la mortification et la pauvreté d'esprit intérieure. Outre cela, ils se chargent d'images, de chapelets, de croix très belles et fort coûteuses; ils prennent les uns, laissent les autres, les changent et les rechangent de nouveau, les veulent de telle sorte, puis d'une autre, préfèrent celui-ci à celui-là, parce qu'il est plus beau et plus riche. On en voit qui sont parés d'*Agnus Dei*, de reliques, ou de listes de saints, comme des enfants de leurs jouets.

En tout cela, je condamne l'esprit de propriété; car l'attachement que l'on porte à la forme, à la multiplicité et à la richesse de ces objets, est très opposé à la pauvreté spirituelle : celle-ci ne regarde en effet que la substance de la dévotion et ne se sert que de ce qui suffit pour la favoriser; au contraire, la multiplicité et la richesse de ces objets n'est qu'un ennui pour elle.

La vraie dévotion doit partir du cœur et n'avoir en vue que la vérité et la substance de ce que représentent les objets de dévotion; tout le reste n'est qu'attachement et esprit de propriété imparfait; aussi pour arriver à l'état de perfection est-il nécessaire d'en finir avec cette tendance.

J'ai connu une personne qui durant plus de dix ans s'est servie d'une croix fabriquée grossièrement avec le bois d'un rameau bénit et dont les deux morceaux étaient fixés par une épingle tordue autour; elle ne l'avait jamais laissée et elle l'avait sur elle jusqu'au jour où je la lui ai enlevée; or ce n'était pas une personne de peu de jugement et de bon sens. J'en ai vu une autre qui se servait d'un chapelet fabriqué avec des os d'arêtes de poisson, et, à coup sûr, sa dévotion n'avait pas pour cela moins de valeur devant Dieu; il est certain que ces deux personnes n'étaient pas arrêtées dans leur dévotion par la forme et la valeur de ces objets. Ceux-là donc qui sont bien dirigés par ces principes ne s'attachent pas à tous ces instruments visibles et ne s'en chargent pas; ils ne se préoccupent nullement de savoir plus qu'il ne faut pour se diriger; ils ne visent qu'à se procurer l'amitié de Dieu et à lui être agréable. Telle est leur seule ambition. Tout ce qu'ils possèdent, ils le donnent de grand cœur; leur joie est de s'en priver par amour pour Dieu et par charité pour le prochain, qu'il s'agisse de choses spirituelles ou de choses temporelles. Ceux-là, je le répète n'ont véritablement en vue que la perfection de l'âme qui consiste à plaire à Dieu et à se refuser à soi-même toute satisfaction. Évidemment l'âme ne peut pas se purifier complètement de ces imperfections dont nous parlons, ni des autres d'ailleurs, jusqu'à ce que Dieu la place dans la purification passive de la nuit obscure dont nous allons parler sous peu. Mais il lui convient de faire, de son côté, tout ce qu'elle peut pour s'en purifier et se perfectionner, afin de mériter que Dieu lui applique ce traitement qui la guérit de toutes les misères auxquelles il lui est impossible de remédier par elle-même. Malgré toute son industrie elle ne peut par ses propres ressources atteindre cette pureté qui la dispose tant soit peu à l'union à Dieu dans la perfection de l'amour. Il faut que Dieu y mette la main et la purifie dans ce feu qui est obscur pour elle, et cela de la manière dont nous parlerons plus loin.

V

(Chapitre IV)

AUTRES IMPERFECTIONS DANS LESQUELLES TOMBENT ORDINAIREMENT LES COMMENÇANTS PAR RAPPORT À LA LUXURE, TROISIÈME PÉCHÉ CAPITAL.

Outre les imperfections qui découlent de chacun des péchés capitaux dont je parle, un grand nombre de commençants en ont encore beaucoup d'autres; je les laisse de côté pour éviter des longueurs, et je me contente de toucher à quelques-unes des plus importantes qui sont comme la cause et l'origine des autres. J'arrive au péché capital qui s'appelle la luxure; mon intention n'est pas de parler des péchés dans lesquels les personnes spirituelles tombent sur ce point, mais de m'occuper des imperfections qui doivent disparaître dans la nuit obscure. Or les imperfections des commençants sur ce point sont nombreuses; et on peut très bien leur donner le nom de luxure spirituelle, non parce qu'elles le sont en réalité, mais parce qu'elles procèdent de choses spirituelles. Il arrive souvent en effet que, au milieu des exercices spirituels eux-mêmes, s'élèvent et arrivent, malgré nous, des mouvements de sensualité et des actes désordonnés. Cela se produit même parfois quand l'esprit est plongé dans une profonde oraison, ou que l'on reçoit les sacrements de Pénitence et d'Eucharistie. Ces sensations, je le répète, ne dépendent pas de nous : elles viennent de l'une des trois causes suivantes.

Tout d'abord, elles ont souvent pour cause le plaisir que la nature goûte dans les choses spirituelles. Comme l'esprit et le sens le goûtent, chacune de ces deux parties de l'homme se porte vers la satisfaction qui lui est propre et spéciale. L'esprit ou partie supérieure se porte à se réjouir en Dieu et à le goûter, mais la sensualité, ou partie inférieure, recherche le plaisir et la satisfaction des sens, car elle est incapable d'en posséder ou d'en goûter d'autres; elle prend le plaisir qui lui est le plus proportionné, c'est-à-dire le plaisir désordonné des sens. Il arrive donc que l'âme, tout en ayant l'esprit plongé dans une profonde oraison devant Dieu, éprouve dans les sens des rébellions, des révoltes et des actes de sensualité, et cela passivement, malgré toute sa répugnance. Cela lui arrive souvent quand elle reçoit la communion. Comme en effet elle éprouve de la joie et de la satisfaction à accomplir cet acte d'amour parce que le Seigneur lui fait cette grâce et se donne dans ce but, la sensualité veut avoir elle aussi sa faveur comme nous l'avons dit, et en jouir à sa manière. En effet, ces deux parties ne forment qu'un tout, et d'ordinaire chacune d'elles participe à sa manière à ce que l'autre reçoit. Car, a dit le philosophe, tout ce qui est reçu, est reçu selon le mode de celui qui reçoit. Voilà pourquoi, dans les commencements et même lorsque l'âme est déjà avancée, la sensualité étant imparfaite, elle reçoit souvent l'esprit de Dieu selon ce degré d'imperfection où elle est. Mais lorsque la partie sensitive a été réformée par la purification de la nuit obscure dont nous parlerons, elle n'a plus ces faiblesses; car alors ce n'est plus elle qui reçoit l'esprit divin, mais plutôt elle est déjà reçue dans l'esprit divin; aussi tout ce qu'elle possède alors, elle le possède à la façon de cet esprit divin.

La seconde cause d'où procèdent parfois ces révoltes vient du démon. Il cherche à inquiéter et à troubler l'âme à l'heure où elle est en oraison ou se dispose à la faire; aussi soulève-t-il dans la nature ces mouvements désordonnés, et porte-il à l'âme un très grand tort, quand il réussit à la troubler quelque peu. Non seulement par la crainte qu'il lui suggère il la porte à se relâcher dans l'oraison, et c'est là le but qu'il poursuit afin de lutter contre elle, mais encore il en pousse quelques-unes à abandonner complètement cet exercice. Ces âmes se figurent que ces révoltes leur arrivent plus à l'oraison qu'ailleurs, et c'est la vérité; car le démon les provoque plus à ce moment qu'à un autre, pour leur faire abandonner cet exercice spirituel. Ce n'est pas tout. Il leur représente au vif les images les plus grossières et les plus honteuses; parfois même il y joint l'image d'un objet spirituel ou de personnes qui leur font du bien, pour les terroriser et les rendre pusillanimes. Aussi les personnes qui subissent son influence n'osent même plus rien regarder ni penser à quoi que ce soit, car elles se heurtent partout à des tentations. Les personnes mélancoliques en particulier en sont harcelées d'une façon si forte et si véhémente qu'elles font pitié; leur vie est triste; l'épreuve est telle quand elles souffrent de cette humeur qu'il leur semble évident qu'elles sont possédées du démon, et qu'elles sont dans l'impossibilité de le fuir; quelques-unes pourraient néanmoins le repousser en s'armant de courage et d'énergie. Quand ces épreuves arrivent à ces personnes à cause de la mélancolie, elles ne s'en délivrent pas d'ordinaire jusqu'à ce qu'elles se guérissent de cette humeur en entrant dans la nuit obscure qui les guérit peu à peu de tous leurs maux.

La troisième source d'où procèdent ordinairement ces mouvements désordonnés qui leur font la guerre est en général la crainte elle-même d'éprouver encore ces sensations et représentations grossières. Cette crainte, en effet, se réveille subitement parce qu'elles voient, ce qu'elles disent ou ce qu'elles imaginent, et elles subissent ces impressions sans qu'il y ait faute de leur part.

Il y a aussi des âmes d'une nature tendre et délicate qui ont à peine éprouvé quelque goût de piété ou de prière, qu'elles se voient envahies par l'esprit de luxure; c'est à tel point que leur sensualité en est enivrée, réjouie; elles sont comme submergées par l'attrait et les douceurs de ce vice. Ces deux impressions persévèrent en même temps d'une manière passive, parfois même on constate qu'il y a eu des effets honteux et des actes humiliants. La cause en vient, je le répète, de ce que cette nature est tendre et délicate; à la moindre émotion, les humeurs et le sang s'agitent et provoquent ces bouleversements. D'ailleurs il en est de même pour les personnes de cette sorte quand elles sont sous le coup de la colère, d'un chagrin ou d'une peine.

Quelquefois ces personnes adonnées à la spiritualité, tout en parlant de sujets de dévotion ou en accomplissant des actes de piété, se laissent aller à une certaine jactance et emphase; elles songent à ceux qui sont présents, et agissent avec quelque vaine complaisance;

et d'ordinaire la volonté y consent; ce sentiment vient aussi de la luxure spirituelle, telle que nous l'entendons ici.

Quelques-unes de ces personnes contractent de l'affection avec d'autres sous prétexte de spiritualité. Mais bien souvent ces amitiés proviennent de la sensualité plutôt que de l'esprit de foi. On le reconnaît quand leur souvenir, au lieu de rappeler la pensée de Dieu et d'augmenter son amour, ne produit que le remords de la conscience. Car l'amitié, si elle est vraiment spirituelle, peut grandir, elle fera grandir aussi l'amour de Dieu; plus on se souviendra de cette amitié, plus aussi on se souvient de celle de Dieu et on se porte vers lui; ainsi, au fur et à mesure qu'une amitié grandit, l'autre grandit aussi. L'esprit de Dieu a ceci de particulier qu'il augmente un bien par un autre bien, à cause de la similitude et de la ressemblance qu'il y a entre l'un et l'autre. Quand au contraire l'affection vient de ce vice de la sensualité dont nous parlons, elle a des effets tout opposés : car plus l'un grandit, plus l'autre diminue et éteint en même temps le souvenir de Dieu. Si en effet l'amour sensuel grandit on voit aussitôt l'âme se refroidir dans l'amour de Dieu, l'oublier peu à peu et tomber dans le remords de conscience. Au contraire, si l'amour de Dieu grandit dans une âme, elle se refroidit dans l'amour sensuel et l'oublie, parce que ce sont là deux amours opposés; non seulement l'un n'aide pas l'autre, mais celui qui domine éteint l'autre et l'étouffe pour se fortifier lui-même, comme l'enseignent les philosophes. Aussi notre Sauveur a dit dans l'Évangile : *Quod autem est ex carne, caro est; et quod natum est ex spiritu, spiritus est* : « Ce qui est né de la chair est chair; et ce qui est né de l'esprit est esprit[1]. » Cela signifie que

1. *Jean*, III, 6.

l'amour qui naît de la sensualité aboutit à la sensualité, et celui qui naît de Dieu aboutit à l'esprit de Dieu et le fait grandir en nous. Telle est la différence qu'il y a entre ces deux amours et qui nous sert à les connaître. Lorsque l'âme entre dans la nuit obscure, tous ces amours sont soumis à la raison. Le premier, elle le fortifie et purifie parce qu'il est selon Dieu; l'autre, elle le fait disparaître ou le détruit, ou le mortifie. Mais dès le principe elle les fait perdre de vue l'un et l'autre, comme nous dirons plus loin.

VI

(Chapitre V)

IMPERFECTIONS OÙ TOMBENT LES COMMENÇANTS À PROPOS DU PÉCHÉ CAPITAL, LA COLÈRE.

Beaucoup de commençants sont portés à rechercher les goûts spirituels; cela est cause qu'ils commettent d'ordinaire beaucoup d'imperfections en se laissant aller au vice de la colère. Quand, en effet, ils n'éprouvent plus de suavités ni de délices dans les choses spirituelles, ils se trouvent désorientés; ils sont tristes, ils agissent de mauvaise grâce; ils se fâchent facilement à la moindre occasion; et parfois même ils sont insupportables. Ces dispositions se manifestent souvent quand ils ont eu à l'oraison quelque recueillement sensible plein de suavité. Dès qu'ils n'ont plus cette jouissance et cette suavité, ils se trouvent naturellement dans l'aridité et la sécheresse. Ils ressemblent au petit enfant que l'on a éloigné du sein maternel où il trouvait son goût et ses délices. Si la nature ne se laisse pas entraîner alors par le dégoût, il n'y a pas de faute; ce n'est qu'une imperfection dont l'âme sera purifiée par les aridités et les tourments de la nuit obscure.

Il y a encore de ces commençants qui tombent dans une autre sorte de colère spirituelle; ils s'animent d'un zèle hors de propos et se fâchent contre les défauts du prochain; ils observent les autres et parfois ils se sentent portés à les reprendre violemment; ils le font même comme s'ils étaient les maîtres de la vertu. Or, une telle conduite est bien contraire à la mansuétude spirituelle.

Il y en a d'autres qui, à la vue de leurs imperfections, s'impatientent parce qu'ils manquent d'humilité, et se fâchent contre eux-mêmes. La patience leur fait tellement défaut, qu'ils voudraient être saints dans un jour. Un grand nombre d'entre eux font force projets et prennent d'énergiques résolutions. Mais comme ils ne sont pas humbles et qu'ils sont pleins de confiance en eux-mêmes, ils ont beau faire des projets, ils ne font que tomber, ils s'irritent; ils n'ont pas la patience d'attendre le moment où il plaira à Dieu de les exaucer. Cette disposition est également opposée à la mansuétude spirituelle dont nous avons parlé. On ne peut y remédier complètement que par la purification de la nuit obscure. Il y en a d'autres néanmoins qui ont tant de calme et montrent tant de lenteur dans la recherche de leur avancement que Dieu ne voudrait pas qu'ils fussent si patients.

VII

(Chapitre VI)

DES IMPERFECTIONS QUI PROVIENNENT DE LA GOURMANDISE SPIRITUELLE.

Le quatrième vice s'appelle la gourmandise spirituelle, sur laquelle il y a beaucoup à dire. A peine si parmi les commençants on en trouve un qui, malgré sa vertu, ne tombe pas dans quelqu'une des nombreuses imperfections dont ce vice est la source, vu la saveur qu'ils goûtent dès le début dans les exercices spirituels. Beaucoup d'entre eux, attirés par le goût et les suavités de ces exercices, recherchent plutôt cette saveur elle-même que la pureté du cœur et la discrétion requise, que Dieu pourtant a en vue et a pour agréable dans tout le parcours de la voie spirituelle. Aussi, outre l'imperfection qu'ils commettent en recherchant ces suavités, la gourmandise les fait déjà passer d'un extrême à l'autre, sans s'arrêter au juste milieu, là où réside et se perfectionne la vertu.

Attirés par le goût qu'ils y trouvent, ils se tuent à force de pénitences, ou s'exténuent dans les jeûnes, se livrent à des pratiques au-dessus de leurs forces, sans attendre l'ordre et le conseil de personne : ils se cachent même de ceux à qui ils devraient obéir sur ce point. Quelques-uns ne craignent même pas d'aller à l'encontre de ce qui leur a été commandé. Ce sont des personnes très imparfaites, des gens sans raison. Ils laissent de côté la soumission et l'obéissance, qui sont pourtant la pénitence de la raison et de la discrétion.

Ce serait là le sacrifice le plus agréable à Dieu et le plus méritoire à ses yeux. Mais, au lieu de ce sacrifice, on recherche la pénitence corporelle, qui n'est plus qu'une pénitence animale vers laquelle on est porté comme les animaux à cause du goût qu'on y trouve : comme tous les extrêmes sont mauvais, et que dans cette manière d'agir tous font leur volonté propre, ils progressent dans la voie du vice plutôt que dans celle de la vertu. Ils acquièrent pour le moins de la gourmandise spirituelle et de l'orgueil, car ils ne suivent pas la voie de l'obéissance.

D'un autre côté, le démon en séduit si bien un grand nombre qu'il les porte à la gourmandise en excitant leurs goûts et leurs appétits. Aussi ces débutants sont impuissants à lui résister. Ils changent l'ordre qui leur est donné; ils y ajoutent, ou ils le modifient, parce que l'obéissance sur ce point leur est un joug trop dur et trop étroit; quelques-uns même arrivent à une telle extrémité que, par le fait même qu'ils vont par obéissance à certains exercices de piété, ils perdent le goût et la dévotion de les accomplir. Ils n'ont d'autre goût et d'autre désir que de suivre leur propre penchant. Voilà pourquoi il serait peut-être mieux pour eux de ne pas accomplir de semblables exercices de piété.

Vous verrez beaucoup d'entre eux insister près de leurs maîtres spirituels pour en obtenir ce qui leur plaît, et, moitié par force, ils leur arrachent le consentement. Quand ils n'y réussissent pas, ils se laissent aller à la tristesse comme des enfants, ils se montrent de mauvaise humeur, et ils s'imaginent qu'ils ne servent pas Dieu quand on ne les laisse pas suivre leurs caprices. Comme ils sont attachés à leurs goûts et à leur volonté propre qu'ils considèrent comme leur dieu, dès qu'on les en sépare et qu'on veut les contraindre à accomplir la volonté de Dieu, ils deviennent tristes; ils sont abattus et découragés. Ils s'imaginent que s'ils sont contents et satisfaits, Dieu sera glorifié et satisfait.

Il y en a encore d'autres qui par suite de cette passion de la gourmandise ont si peu conscience de leur bassesse et de leur misère, et ont si bien mis de côté la crainte amoureuse et le respect que l'on doit à la majesté divine, qu'ils ne craignent pas d'importuner leurs confesseurs pour en obtenir l'autorisation de se confesser et de communier souvent. Le pire c'est que bien souvent ils osent communier sans la permission ou le conseil du ministre du Christ et du dispensateur de ses dons. Ils veillent à ne point lui dire la vérité et agissent d'après leur propre manière de voir. Voilà pourquoi, avec cette idée d'aller communier, ils font une confession quelconque et songent plus à la communion elle-même qu'à la communion faite avec une conscience pure et bien préparée. En tout cas, il serait plus raisonnable et plus parfait d'avoir une tout autre disposition et de prier le confesseur de ne pas les laisser s'approcher si souvent des sacrements; cependant le mieux pour eux, entre ces deux extrêmes, serait de se tenir dans une humble résignation. Quant à ces audaces excessives dont nous avons parlé, elles sont pour eux la cause des plus grands maux; aussi peut-on redouter les châtiments que leur attirera une telle témérité.

Lorsqu'ils vont communier, ils songent beaucoup plus à se procurer quelque goût sensible qu'à adorer et à louer en toute humilité ce grand Dieu qu'ils viennent de recevoir. C'est tellement leur idée que s'ils n'y trouvent pas quelque goût ou consolation sensible, ils croient n'avoir rien fait. C'est là une manière très basse de juger de Dieu. Ils ne comprennent pas que le moindre des avantages que procure le Saint-Sacrement est la délectation sensible, tandis que le plus grand, celui qui ne se voit pas, c'est la grâce; voilà pourquoi Dieu leur enlève souvent ces goûts et ces faveurs sensibles pour qu'ils les considèrent avec les yeux de la foi. Ils veulent sentir Dieu et le goûter comme s'il était compréhensible et accessible à nos sens, non seulement quand il s'agit du point qui nous occupe, mais encore quand il s'agit des autres exercices spirituels. Tout cela dénote une très grande imperfection et une opposition complète à la nature de Dieu; parce que la foi n'est pas pure.

Ceux dont nous parlons agissent de même à l'oraison. Ils s'imaginent qu'elle consiste tout entière à y trouver du goût et de la dévotion sensible. Ils s'appliquent à en avoir, comme on dit, à force de bras; ils se fatiguent et se cassent la tête inutilement. Quand ils n'ont point réussi, ils sont complètement abattus; ils s'imaginent qu'ils n'ont rien fait. Leur prétention leur a fait perdre la véritable dévotion, et l'esprit d'oraison surnaturel qui consiste à y persévérer dans la patience et l'humilité, dans la défiance de soi et le désir seul de plaire à Dieu. Aussi quand une fois ils ne trouvent pas de saveur à tel ou tel exercice de piété, ils en éprouvent un extrême dégoût; ils ont de la répugnance à s'y livrer de nouveau et parfois même vont jusqu'à l'abandonner. Ils sont donc, comme nous l'avons dit, semblables à de petits enfants; ils ne se meuvent pas et n'agissent pas d'après la raison, mais d'après la sensualité. Pour eux tout le temps se passe à rechercher la joie et les consolations spirituelles. Ils ne sont jamais rassasiés de lire; ils choissent une méditation, puis une autre; ils sont en un mot à la poursuite de leurs propres goûts dans les choses de Dieu. Aussi dans sa providence pleine de justice, de discrétion et d'amour, Dieu les leur refuse, car sans cela leur gourmandise et leur intempérance les entraîneraient à des maux sans fin. Il leur est très nécessaire d'entrer dans la nuit obscure dont nous devons parler, afin de s'y purifier de tous ces enfantillages.

Ceux qui sont portés de la sorte à la recherche de leurs goûts tombent encore dans une autre très grande imperfection : c'est une lâcheté et une tiédeur excessive à marcher par l'âpre chemin de la croix. Car l'âme qui recherche les suavités repousse naturellement toute l'amertume du renoncement personnel Ils ont encore beaucoup d'autres imperfections qui découlent de là; mais le Seigneur y remédie à temps par les tentations, les aridités et les épreuves qui font partie de la nuit obscure. Je n'en parlerai pas ici pour éviter des longueurs. Je me contente de dire seulement que la sobriété et la tempérance spirituelle ont un caractère tout différent : elles suivent la voie de la mortification, de la crainte et de la soumission. Nous devons constater que la perfection et la valeur de nos actes ne viennent pas de leur grand nombre ni du plaisir qu'on y trouve, mais du renoncement à soi-même avec lequel on sait les pratiquer. Aussi les commençants doivent-ils faire tout ce qui est en leur pouvoir, jusqu'à ce que Dieu daigne les purifier lui-même en les introduisant dans la nuit obscure. Comme il me tarde d'en parler, je passe légèrement sur ces imperfections.

VIII

(Chapitre VII)

IMPERFECTIONS QUI PROVIENNENT DE L'ENVIE ET DE LA PARESSE SPIRITUELLES.

Il y a encore deux autres vices, qui sont l'envie et la paresse, et où les commençants commettent de grandes imperfections. Quant à l'envie, elle porte d'ordinaire un grand nombre d'entre eux à être jaloux du bien spirituel des autres; ils éprouvent une peine sensible en voyant qu'ils sont plus avancés qu'eux dans la voie spirituelle; ils ne voudraient pas qu'on en fasse l'éloge, parce que leurs vertus les attristent; parfois même ils ne le peuvent souffrir sans dire le contraire, pour paralyser autant que possible l'effet de ces louanges. Comme on dit, leur œil grossit tout. Leur chagrin est extrême de ce qu'ils ne sont pas félicités comme les autres, car ils voudraient être préférés en tout. De tels sentiments sont très opposés à la charité, qui, comme dit saint Paul, se réjouit de la bonté[1]. Si elle éprouve de l'envie, il s'agit d'une sainte envie; elle est peinée de ne pas avoir les mêmes vertus que les autres; mais elle est heureuse de ce que les autres les possèdent; et dès qu'elle en est si dépourvue, elle se réjouit de ce que tous les autres servent Dieu beaucoup mieux qu'elle.

J'arrive à la tristesse spirituelle. Les commençants éprouvent d'ordinaire de l'ennui dans les exercices spirituels qui sont les plus élevés, et ils les fuient parce qu'ils les trouvent en opposition avec les consolations sensibles. Comme ils sont attirés aux choses spirituelles, par leur douceur, si celle-ci fait défaut, les choses spirituelles leur causent de l'ennui. Dès qu'ils ne trouvent pas à l'oraison la satisfaction que demandait leur goût, car enfin, il convient que Dieu les en prive pour les éprouver, ils ne voudraient plus y retourner; d'autres fois même ils l'abandonnent ou n'y vont que de mauvaise grâce. Cette paresse leur fait laisser le chemin de la perfection, qui est celui du renoncement à la volonté propre et du bon plaisir de Dieu, pour suivre celui de la joie et de la satisfaction

1. *I. Cor.*, XIII, 6.

de la volonté elle-même. C'est ainsi qu'ils cherchent leur propre satisfaction plutôt que le bon plaisir de Dieu.

Un grand nombre d'entre eux ne demandent qu'une chose, c'est que Dieu veuille ce qu'ils veulent eux-mêmes; ils s'attristent d'être obligés de se plier à sa volonté et c'est avec répugnance qu'ils s'y conforment. Bien souvent ils s'imaginent que ce qui ne répond pas à leurs goûts et à leurs désirs ne doit pas être conforme à la volonté de Dieu; au contraire, là où ils sont satisfaits, ils sont persuadés que Dieu l'est aussi. Ils abaissent Dieu à leur mesure, au lieu de se conformer à lui. Dieu ne nous dit-il pas, au contraire, dans l'Évangile : *Qui autem perdiderit animam suam propter me, inveniet eam* : « Celui qui perdra sa vie pour moi la retrouvera; celui qui voudra la sauver la perdra [1] ».

Ces commençants éprouvent encore de la répugnance quand on leur commande ce qui leur déplaît. Comme ils sont portés aux jouissances et aux délices spirituelles, ils sont pleins de mollesse en présence de tout ce que la perfection exige de force et de souffrance. Semblables à ceux qui sont élevés dans les plaisirs, ils fuient avec tristesse tout ce qui est austère; ils se scandalisent de la croix où se trouvent toutes les délices spirituelles, et les choses les plus spirituelles ne leur donnent que du dégoût. Comme leur prétention est de marcher à leur guise dans ce chemin de la vie spirituelle et de suivre les caprices de leur volonté, ils éprouvent une tristesse profonde et une vive répugnance à entrer dans ce sentier étroit de la vie, dont parle le Christ[2].

Il suffit d'avoir parlé ici de ces imperfections entre beaucoup d'autres où se trouvent les commençants dans ce premier état. On peut voir par là combien il

1. *Mat.*, XVI, 25.
2 *Mat.*, VII, 14.

leur est nécessaire que Dieu les place dans l'état des avancés. Cette transformation s'opère lorsqu'ils sont introduits dans la nuit obscure dont nous allons parler maintenant. Dieu alors les sèvre de tous les goûts et de toutes les délices pour les plonger dans la sécheresse pure et les ténèbres intérieures; il leur enlève toutes leurs imperfections et tous leurs enfantillages, il leur fait acquérir la vertu par des moyens tout différents. Car les commençants auront beau s'exercer à la mortification dans toutes leurs actions et passions, ils ne sauraient y réussir ni complètement ni dans une partie notable, jusqu'à ce que Dieu opère cette transformation d'une manière passive et purifie l'âme dans la nuit obscure. Mais afin que je puisse dire quelque chose d'utile, je supplie Dieu de daigner m'accorder sa lumière. Elle m'est bien nécessaire pour parler d'une nuit si profonde et traiter un sujet si difficile à exprimer et à faire comprendre.

Voici donc quel est le premier vers :

Par une nuit profonde

IX

(Chapitre VIII)

OÙ L'ON EXPOSE LE PREMIER VERS DE LA PREMIÈRE STROPHE ET OÙ L'ON COMMENCE A EXPLIQUER CETTE NUIT OBSCURE.

Cette nuit que nous appelons contemplation produit deux sortes de ténèbres ou de purifications chez les spirituels, selon les deux parties de l'homme, la sensitive et la spirituelle. C'est ainsi que la première nuit ou purification sera sensitive, si elle purifie ou dépouille l'âme dans sa partie sensitive qu'elle accommode à la partie spirituelle. La seconde nuit ou purification sera spirituelle, si elle purifie et dépouille l'âme dans sa partie spirituelle en la préparant et disposant à l'union d'amour avec Dieu. La première est commune et elle se produit chez une foule de commençants dont nous allons nous occuper tout d'abord. La nuit spirituelle est le partage du petit nombre, c'est-à-dire de ceux qui sont déjà exercés et avancés dans la vertu, et nous en parlerons en second lieu.

La première nuit ou purification est amère et terrible pour les sens, comme nous allons le voir sous peu. La seconde est incomparablement plus horrible et épouvantable pour l'esprit, comme nous le dirons aussi. Pour procéder avec ordre, nous traiterons tout d'abord de la purification des sens, qui est la première. Nous n'en dirons rapidement que quelques mots, parce que c'est une chose commune dont on parle assez fréquemment dans les livres. Nous nous arrêterons plus spécialement à l'exposé de la nuit spirituelle dont il est très peu question soit dans les conversations, soit dans les livres, et dont même très peu de personnes ont l'expérience. Mais comme la conduite des commençants dans ce chemin de la perfection est vulgaire, elle frise beaucoup leur amour-propre et leurs goûts sensibles, ainsi que nous l'avons déjà donné à entendre; aussi Dieu veut-il les élever peu à peu; il les sort de cette manière grossière de l'aimer; il les délivre de ce bas exercice des sens et du discours par lequel, avons-nous dit, ils le recherchent d'une manière si mesquine et si pleine d'inconvénients; ils les place dans l'exercice de l'esprit où ils pourront s'entretenir avec lui d'une façon plus fructueuse et où ils seront plus dégagés de leurs imperfections. Déjà ils se sont exercés quelque temps dans le chemin de la vertu ; ils ont persévéré dans la méditation et l'oraison ; la saveur et les délices qu'ils y ont goûtées les ont détachés des choses du monde ; ils ont obtenu de Dieu quelques forces spirituelles pour mettre un frein à leurs tendances vers les créatures ; ils pourront donc supporter par amour pour Dieu quelque fardeau, quelque sécheresse, sans retourner en arrière au moment le plus opportun.

Mais le jour où ils goûtent le plus de saveur et de joie dans ces exercices spirituels et où ils s'imaginent que le soleil des divines faveurs les illumine davantage, le Seigneur les prive de toute cette splendeur ; il leur ferme la porte de ses délices ; il tarit la source des eaux spirituelles dont ils goûtaient en lui la suavité, chaque fois et tout le temps qu'ils le désiraient ; car ils étaient faibles et, comme le dit saint Jean dans l'Apocalypse, il n'y avait jamais de porte fermée pour eux[1]. Le Seigneur les laisse donc dans des ténèbres si profondes qu'ils ne savent plus comment se diriger à l'aide du sens de l'imagination et du discours. Ils sont incapables de méditer comme précédemment ; leur sens intérieur est plongé dans cette nuit et en proie à une telle aridité que non seulement ils ne goûtent plus dans les choses spirituelles et les exercices de piété cette douceur et cette consolation où ils mettaient d'ordinaire leurs délices et leurs joies, mais au contraire ils n'y trouvent que dégoût et amertume. La raison en est, je le répète, qu'ils ont déjà grandi quelque peu, et Dieu, pour les fortifier et les sortir de leurs langes, les sèvre du lait de ses consolations, il les pose à terre et leur enseigne à marcher par eux-mêmes. Voilà pourquoi ils sont extrêmement sensibles à une

1. *Apoc.*, III, 8.

telle nouveauté qui est tout opposée à leur manière de traiter avec Dieu.

Ce changement arrive d'ordinaire aux personnes retirées du monde plutôt qu'aux autres et peu après leur entrée dans la voie spirituelle, car elles sont plus éloignées des occasions de retourner en arrière et réforment plus promptement leur attrait pour les biens d'ici-bas; et c'est là précisément ce qui est requis pour commencer à entrer dans cette bienheureuse nuit des sens. D'ordinaire il ne se passe pas beaucoup de temps pour elles après leurs débuts, sans qu'elles entrent dans cette nuit des sens; or la plupart d'entre elles y entrent, car on les voit généralement tomber dans ces aridités. Or cette sorte de purification des sens est tellement commune que nous pourrions en donner la preuve en citant une foule de textes de la sainte Écriture, où l'on en trouve à chaque pas, spécialement dans les livres des Psaumes et des Prophètes. Mais je ne veux pas perdre le temps à les rapporter, et celui qui ne saurait pas les admirer se contentera de l'expérience que tout le monde en a.

X

(Chapitre IX)

DES SIGNES QUI FONT RECONNAITRE QUE LE SPIRITUEL EST DANS CETTE NUIT OBSCURE ET LA PURIFICATION DES SENS.

Il arrive souvent que ces sécheresses proviennent non de cette nuit obscure ou de la purification des sens, mais de nos péchés, imperfections, faiblesses, tiédeurs ou de quelque humeur maligne et indisposition corporelle. Voilà pourquoi je veux donner quelques signes à l'aide desquels on reconnaîtra si cette sécheresse a pour cause la purification des sens ou plutôt quelqu'un des vices dont nous avons parlé. A mon avis, il y en a trois principaux.

Le premier consiste à ne trouver de joie et de consolation ni dans les choses de Dieu, ni dans les choses créées. Lorsque Dieu, en effet, introduit l'âme dans cette nuit obscure, pour l'amener à l'aridité et à la purification de l'appétit sensitif, il ne lui permet en aucune façon de rechercher et de trouver des consolations. C'est le signe probable où l'on reconnaît que cette sécheresse et ce dégoût ne proviennent pas de fautes ou d'imperfections que l'on aurait commises récemment. Car, s'il en était ainsi, la nature éprouverait quelque attrait ou inclination vers des choses différentes de celles de Dieu; dès lors en effet que la volonté tombe dans quelque imperfection, aussitôt elle se sent inclinée plus ou moins vers cette imperfection d'après l'attrait et le plaisir qu'elle y trouve. Néanmoins, comme cette répugnance des choses du ciel ou de la terre peut provenir de quelque indisposition physique ou de la mélancolie qui ne nous permettent pas bien souvent de prendre goût à rien, il faut aussi le second signe ou la seconde condition.

Le second signe ou la seconde condition qui est nécessaire pour reconnaître s'il s'agit de la purification des sens consiste à se souvenir ordinairement de Dieu avec sollicitude; et à se préoccuper de ce qu'on ne le sert pas, mais qu'on recule plutôt à ses yeux, dès lors qu'on n'éprouve plus de goût comme précédemment dans les choses divines. Cette disposition est une marque que ce dégoût et cette sécheresse n'ont pas pour cause le relâchement et la tiédeur. La tiédeur, en effet, ne se préoccupe pas des choses de Dieu et n'a pour elles aucune sollicitude. On voit donc toute la différence qu'il y a entre la sécheresse et la tiédeur. Le propre de la tiédeur est d'engendrer une grande lâcheté et une grande faiblesse dans la volonté et l'intelligence; et alors on ne se préoccupe plus de servir Dieu. La sécheresse purificative seule apporte avec elle une sollicitude constante pour sa gloire, mais en même temps, je le répète, elle se préoccupe et s'afflige de ce qu'elle ne le sert pas. Sans doute, il s'y mêlera quelquefois de la mélancolie ou une autre humeur maligne; mais la sécheresse ne manquera pas pour cela d'avoir son effet purificatif dans la volonté, puisque l'âme est privée de toute consolation et n'a d'autre désir que celui de Dieu. Quand la sécheresse provient seulement d'une humeur maligne, il n'y a pour la nature que dégoût et prostration. L'âme n'éprouve pas alors ces désirs de servir Dieu que lui donne la sécheresse purificative. Quand celle-ci existe, la partie sensitive a beau être abattue, faible et languissante à cause du peu de goût qu'elle trouve à agir, l'esprit néanmoins demeure prompt et plein de vigueur.

La cause de cette sécheresse vient de ce que Dieu transfère à l'esprit les biens et les forces des sens, et comme les sens et la nature ne sont pas capables par eux-mêmes de biens spirituels, ils restent privés de nourriture, dans la sécheresse et dans le vide. La partie sensitive en effet n'est pas apte à ce qui est pur esprit. Aussi quand l'esprit est dans la joie, la chair est-elle mécontente et paresseuse pour agir. Quant à l'esprit, qui reçoit peu à peu la nourriture, il se fortifie, il devient plus vigilant et plus attentif que précédemment à ne point offenser Dieu. S'il ne goûte pas dès le début les saveurs et les délices divines, mais n'éprouve plutôt que sécheresse et répugnance, il faut en attribuer la cause à la nouveauté du changement. Son palais était habitué aux goûts sensibles et c'est encore vers eux qu'il a le regard fixé. Par ailleurs, son palais spirituel n'est pas habitué à ces faveurs et n'est pas purifié pour recevoir des mets si subtils; tant qu'il n'y sera pas préparé progressivement par le moyen de cette nuit obscure et pleine d'aridité, il ne pourra sentir les goûts et les biens spirituels; la sécheresse et la répugnance auront fait place à cette suavité qu'il goûtait précédemment avec tant de facilité. Ceux-là en effet que Dieu commence à introduire dans ces solitudes du désert sont semblables aux enfants d'Israël. Dès que Dieu les eut amenés au désert, il se mit à leur donner la manne qui tombait du ciel, qui par elle-même avait tous les goûts et qui, comme il est dit dans l'Écriture, prenait le goût que chacun désirait. Malgré cela les Israélites regrettaient le goût et la saveur des viandes et des oignons d'Égypte auxquels leur palais était fait et habitué; ils méprisaient la douceur et la délicatesse de cette nourriture angélique; ils pleuraient et se lamentaient d'avoir perdu leurs viandes, quand ils avaient en abondance un aliment céleste. *Recordamur piscium quos comedebamus in Ægypto gratis; in mentem nobis veniunt cucumeres et pepones porrique et cepe et allia*[1]. Voilà jusqu'à quel point arrive la bassesse de nos appétits; ils nous font rechercher nos misères et concevoir de l'aversion pour les biens incomparables du ciel.

Toutefois, je le répète, lorsque les sécheresses proviennent de ce que l'appétit sensitif est dans la voie purgative, bien que l'esprit, au début, ne goûte pas de saveur pour les motifs dont nous venons de parler, il sent la force et l'entrain pour agir que lui donne la substance de cet aliment intérieur. Or cet aliment est le principe de la contemplation obscure et aride pour les sens, et cette contemplation est cachée et secrète

1. *Nomb.*, XI, 4, 5.

pour celui-là même qui la possède. D'ordinaire l'âme qui éprouve cette sécheresse et ce vide dans les sens porte en même temps ses inclinations et ses désirs vers la solitude et le repos, sans pouvoir penser à quelque chose de spécial ni en avoir même l'envie. Si du moins les âmes qui sont en cet état savaient rester dans le calme, négliger alors toutes les opérations intérieures et extérieures, sans se préoccuper de rien faire, aussitôt elles sentiraient dans cet oubli de tout et ce calme la délicatesse de cette nourriture intérieure. Elle est telle, en effet, que d'ordinaire, si l'âme a l'envie ou le désir de la sentir, elle ne la sent pas; car, je le répète, elle opère quand l'âme est dans le repos le plus complet et l'oubli de tout; elle est comme l'air qui s'échappe de la main quand on la ferme.

Nous pouvons à ce propos considérer ce que l'Époux dit à l'Épouse dans les Cantiques : *Averte oculos tuos a me, quia ipsi me avolare fecerunt* : « Détournez de moi vos yeux, parce qu'ils m'ont fait m'envoler[1]. » Dieu, en effet, met l'âme dans un état tel, et la dirige par une voie si différente de ce qu'elle était précédemment, que si elle veut se servir de ses puissances, elle trouble l'action de Dieu, au lieu de l'aider. C'est donc le contraire de ce qui avait lieu précédemment. Le motif, c'est que l'âme est déjà dans l'état de contemplation; elle est sortie de la voie où elle discourait pour entrer dans l'état de ceux qui sont avancés; c'est Dieu qui désormais agit en elle; aussi semble-t-il lui lier les puissances intérieures, en ôtant tout appui à l'entendement, toute suavité à la volonté, et tout raisonnement à la mémoire. Ce que l'âme peut faire alors par elle-même ne sert, nous l'avons déjà dit, qu'à troubler la paix intérieure et l'œuvre que Dieu accomplit dans l'esprit par le moyen de la sécheresse

1. *Cant.*, VI, 4.

où il tient les sens. Or comme cette opération est spirituelle et délicate, l'œuvre s'accomplit avec calme et délicatesse; elle est secrète, satisfactoire, paisible et très étrangère aux jouissances antérieures qui étaient palpables et sensibles. Telle est la paix que Dieu adresse à l'âme, dit David [1], pour la rendre spirituelle. De là vient le troisième signe.

Le troisième signe que nous avons pour reconnaître cette purification des sens dont nous parlons consiste à ne pouvoir ni méditer ni discourir comme auparavant à l'aide du sens de l'imagination, quelque effort qu'on fasse. Dieu, en effet, commence ici à se communiquer à l'âme, non plus par le moyen des sens, comme il le faisait précédemment, ou par le moyen d'un discours qui compose et ordonne les matières, mais par le moyen de l'esprit pur où il n'y a pas de discours successifs. Il se communique à elle par l'acte de simple contemplation, où ne peuvent arriver les sens intérieurs et extérieurs de la partie inférieure. Aussi l'imagination et la fantaisie ne peuvent-elles y trouver un point d'appui pour y faire une considération quelconque, ni s'y fixer alors ou après.

Il faut comprendre que dans ce troisième signe l'empêchement où se trouvent les puissances et les petits dégoûts qu'elles éprouvent ne provient pas de quelque humeur maligne. Car lorsqu'il en est ainsi, l'humeur, qui est changeante par nature, venant à disparaître, l'âme peut aussitôt avec un peu d'effort retourner à ses opérations précédentes, et les puissances retrouvent leur appui. Mais il n'en est pas ainsi dans la purification de l'appétit sensitif; car elle est à peine commencée que l'impuissance de discourir avec la faculté va toujours en augmentant. Il est vrai cependant que, dans les commencements, il n'y a pas par-

1. *Ps.*, LXXXIV, 9.

fois chez quelques-uns une telle continuation; car ils ne laissent pas d'éprouver quelque douceur ou consolation sensible; vu leur faiblesse peut-être, il ne convenait pas de les en sevrer tout d'un coup. Malgré tout elles pénètrent toujours plus avant dans cette nuit et en finissent avec l'œuvre de la purification sensitive si elles sont appelées à une perfection plus haute. Quant à ceux qui ne suivent pas ce chemin de la contemplation, ils suivent une tout autre méthode, parce que cette nuit des sécheresses dans la partie sensitive n'est pas continuelle d'ordinaire; quelquefois elle existe, quelquefois non; parfois on ne peut discourir, d'autres fois on le peut comme auparavant. Dieu, en effet, ne les introduit dans cette nuit que pour les éprouver, les humilier, réformer leurs tendances et les empêcher de favoriser une gourmandise vicieuse dans les choses spirituelles, et non pour les élever à la voie de l'esprit, c'est-à-dire à la contemplation dont nous parlons. Ceux qui s'adonnent de propos délibéré à la vie spirituelle ne sont pas tous élevés par Dieu jusqu'à la contemplation ; il n'y en a pas même la moitié Pourquoi cela ? Dieu seul le sait. Mais de là vient que ceux-là ne finissent jamais de se détacher complètement de la faculté de faire des considérations et des discours; ils ne le peuvent que pour un temps et par intervalles, comme nous l'avons dit.

XI

(Chapitre X)

DE LA MANIÈRE DE SE CONDUIRE DANS CETTE NUIT OBSCURE.

Quand l'âme est arrivée à l'époque où se font sentir les sécheresses de la nuit sensitive, Dieu accomplit le changement dont nous avons parlé plus haut ; il tire l'âme de la vie des sens pour l'élever à la vie de l'esprit, c'est-à-dire qu'il la fait passer de la méditation à la contemplation, où il lui est impossible, je le répète, d'agir avec ses puissances et de discourir sur les choses célestes. C'est alors que les spirituels éprouvent de grandes souffrances, non pas tant à cause des sécheresses qu'ils endurent qu'à cause de la crainte où ils sont de se voir égarés dans ce chemin, à la pensée que tous les biens spirituels, sont perdus pour eux, ou que Dieu les a abandonnés, parce qu'ils ne trouvent ni secours ni consolations dans les exercices de piété. Leur fatigue alors est extrême ; ils cherchent comme de coutume à fixer avec un certain plaisir leurs puissances sur quelque discours ; ils s'imaginent que s'ils ne font pas cela et s'ils ne se sentent pas agir, ils ne font rien. Et cependant l'âme n'éprouve en cela qu'un dégoût profond et la plus grande répugnance intérieure, quand elle se plaisait à se trouver dans le calme, la tranquillité et repos de ses puissances. Ainsi donc d'un côté elle se fatigue, et de l'autre elle ne profite pas. En voulant se servir de son propre esprit, elle perd cet esprit de paix et de tranquillité où elle se trouvait. Ainsi elle ressemble à celui qui abandonne ce qui est fait pour le refaire de nouveau, à celui qui sort de la ville pour y rentrer, à celui qui lâche la proie pour la poursuivre de nouveau. Une telle conduite est absolument inutile, car, je le répète, l'âme ne gagnera rien, en revenant à sa première méthode.

Si les spirituels n'ont pas alors un directeur qui les comprenne, ils reculent, ils abandonnent leur voie ou tombent dans la tiédeur, ou du moins ils empêchent leur marche en avant, par les efforts multiples qu'ils font pour suivre comme précédemment le chemin de la méditation et du raisonnement; ils se fatiguent et se tourmentent à l'excès, en s'imaginant que cet état vient de leurs négligences ou de leurs péchés. Or tout ce travail est inutile. Dieu, en effet, les conduit désormais par une autre voie, celle de la contemplation, qui est toute différente de la précédente; cette dernière est celle de la méditation et du raisonnement; tandis que la première ne relève nullement de l'imagination et du raisonnement.

Ce qui convient à ceux qui sont en cet état, c'est de se consoler en persévérant dans la patience, de ne pas se laisser aller à la peine, et de se confier en Dieu, car il n'abandonne pas ceux qui le cherchent avec simplicité et un cœur droit; il ne manque pas de donner le viatique nécessaire au pauvre voyageur, jusqu'à ce qu'il l'ait élevé à la pure et claire lumière d'amour qu'il lui communiquera dans l'autre nuit obscure, celle de l'esprit, si toutefois son âme a mérité d'y être introduite.

La conduite que les spirituels doivent suivre dans cette nuit consiste à ne se préoccuper nullement du raisonnement et de la méditation, car, nous l'avons déjà dit, le temps en est passé. L'âme doit rester dans la paix et dans le calme, alors même qu'il lui semblerait qu'elle ne fait rien, ou qu'elle perd son temps, ou que c'est à cause de sa tiédeur qu'elle n'a nulle envie alors de s'occuper de quoi que ce soit. Ce sera beaucoup qu'elle garde la patience et persévère dans l'oraison sans y rien faire : l'unique chose qu'on doit faire alors, c'est de laisser l'âme libre, débarrassée et détachée de toutes connaissances et de toutes pensées, sans le moindre souci au sujet de ce qu'elle pensera ou méditera; elle se contentera seulement d'une considération pleine d'amour et de paix en Dieu, mais sans apporter de préoccupation, de désir ardent ou même de simple envie de le sentir ou de le goûter. Toutes ces prétentions, en effet, ont pour but de troubler l'âme et de la distraire de ce repos, de cette quiétude, de ce calme si suave de la contemplation où elle est élevée. Malgré tous les scrupules qu'elle a qu'elle perd son temps et qu'il serait bien de s'occuper à autre chose, dès lors qu'elle ne peut rien faire à l'oraison, ni penser à rien, qu'elle patiente, qu'elle soit tranquille, car on ne va pas à l'oraison pour y rechercher un plaisir personnel ou la liberté d'esprit. Si elle veut par elle-même agir quelque peu avec ses facultés intérieures, elle mettra le trouble et perdra les biens que Dieu par le moyen de cette paix et de ce calme voulait graver et imprimer en elle. Il en est de même quand un peintre veut dessiner et représenter un portrait : si la personne tourne sans cesse la tête pour faire quelque chose, il sera troublé dans son travail et ne pourra rien faire. C'est ce qui arrive à l'âme quand elle est dans la paix et le repos intérieur, et qu'elle veut alors accomplir quelque acte d'amour ou de curiosité : elle est distraite tombe dans le trouble, elle éprouve de la sécheresse et du vide dans la partie sensitive. Plus elle cherche à avoir quelque appui dans ses affections et ses connaissances, plus aussi elle en sentira l'absence, que rien ne peut combler par ce moyen.

Par conséquent ce qui convient à cette âme, c'est

de ne point se préoccuper si les opérations de ses puissances se perdent; elle doit au contraire se réjouir qu'elles se perdent au plus tôt. En effet, elles ne troubleront point alors la contemplation infuse où Dieu l'introduit; Dieu lui accordera une plus grande abondance de paix; il la préparera à s'enflammer et s'embraser de l'esprit d'amour que cette contemplation obscure et secrète apporte avec elle et qui envahit l'âme, parce que la contemplation n'est pas autre chose qu'une infusion secrète, paisible et amoureuse de Dieu, qui à l'occasion embrase l'âme de l'esprit d'amour, comme elle le donne à entendre dans le vers suivant :

Étant plein d'angoisse et enflammée d'amour.

Deuxième vers

(Chapitre XI)

Cet embrasement d'amour ne se sent pas d'ordinaire au début; car il n'a pas encore commencé à cause de l'impureté de la nature, ou parce que l'âme qui ne se comprend pas, comme je l'ai dit, ne lui donne pas un asile paisible. Parfois, cependant, que cet obstacle soit présent ou non, l'âme commence à éprouver tout de suite quelque désir de Dieu plein d'anxiété; plus ce désir augmente, et plus l'âme se sent portée vers Dieu et embrasée d'amour pour lui, sans savoir ni comprendre d'où et comment lui viennent cet amour et cette affection; parfois même elle voit cette flamme et cette ardeur grandir à tel point qu'elle désire Dieu avec un amour plein d'anxiété. C'est là ce que David, qui était dans cette nuit obscure raconte de lui-même en ces termes : *Quia inflammatum est cor meum, et renes mei commutati sunt; et ego ad nihilum redactus sum et nescivi*[1]. Parce que mon cœur s'est enflammé d'amour dans la contemplation, mes goûts et mes affections ont été également transformés, c'est-à-dire qu'ils sont passés de la vie sensitive à la vie spirituelle par les sécheresses et le renoncement à tous les goûts dont nous parlons. Aussi David ajoute : J'ai été réduit à rien, anéanti, et je n'ai rien su; car, comme nous l'avons dit, l'âme, sans savoir par où elle

1. *Ps.*, LXXII, 21, 22.

va, se trouve anéantie par rapport à toutes les choses d'en haut et d'en bas où elle mettait ses consolations. Elle constate seulement qu'elle est tout embrasée d'amour, sans savoir comment s'est produit un tel changement. Et comme cet embrasement d'amour prend parfois de grandes proportions, et que le pressant désir de Dieu a grandi, il semble que cette soif ardente dessèche tous ses os, affaiblit sa nature, lui enlève sa chaleur et sa force pour faire place à une vive soif d'amour, car l'âme sent que cette soif d'amour est pleine de vie. Telle est aussi la soif qu'éprouvait David quand il disait : *Sitivit anima mea ad Deum vivum :* « Mon âme a eu soif du Dieu vivant[1] », ce qui signifie : Elle est toute vive la soif de mon âme. Et cette soif, toute vive qu'elle soit, nous pouvons bien dire qu'elle fait mourir. Nous devons remarquer que la véhémence de cette soif n'est pas continuelle; elle n'a lieu que par intermittences, mais d'ordinaire l'âme éprouve toujours quelques-unes de ses ardeurs. Remarquons en outre, comme je l'ai dit en commençant, que d'ordinaire cet amour n'est pas sensible au début; l'âme éprouve au contraire la sécheresse et le vide dont nous parlons. Et alors, au lieu de cet amour qui s'allume ensuite peu à peu, la disposition de l'âme au milieu des sécheresses et du vide de ses puissances est d'avoir d'une façon habituelle la sollicitude et le soin de plaire à Dieu, ainsi qu'une peine et une crainte de ne pas le servir. Or ce n'est pas un sacrifice peu agréable à Dieu que celui d'une âme qui souffre et est pleine de sollicitude par amour pour lui. Cette sollicitude et cette application viennent de cette secrète contemplation : celle-ci dure jusqu'au temps où le sens, que l'on appelle la partie sensitive, est quelque peu purifié de ses forces et affections naturelles par le moyen des séche-

1. *Ps.*, XLI, 3

resses qu'elle y répand, et alors elle embrase l'esprit d'amour divin. Mais, en attendant, l'âme est semblable au malade qui suit un traitement : tout est souffrance dans cette nuit obscure, dans cette rude purification des sens où elle se guérit d'une foule d'imperfections, et s'exerce à la pratique de toutes les vertus pour se rendre digne de l'amour divin, comme nous allons le dire dans le vers suivant :

Oh ! l'heureux sort !

Troisième vers

De même que Dieu introduit l'âme dans la nuit sensitive afin de purifier le sens de la partie inférieure de l'accommoder, de l'assujettir et de l'unir à l'esprit en le plongeant dans les ténèbres et en mettant fin à ses discours, de même pour purifier ensuite l'esprit et l'unir à lui, Dieu l'introduit dans la nuit spirituelle. L'âme y acquiert tant de profits, bien qu'elle ne le voie pas, qu'elle regarde comme une heureuse fortune d'être délivrée des liens et des entraves où la tenaient les sens de la partie inférieure et d'être entrée dans cette heureuse nuit. Aussi prononce-t-elle le vers présent : *Oh! l'heureux sort!* A ce propos nous devons marquer ici les progrès que l'âme réalise dans cette nuit; c'est à cause de ces avantages qu'elle regarde comme une heureuse fortune d'être passée dans cette nuit. Or tous ces avantages se trouvent renfermés dans le vers suivant :

Je sortis sans être vue.

Quatrième vers

I

Cette sortie s'entend de la sujétion où l'âme était tenue dans sa partie sensitive qui l'obligeait à chercher Dieu par des moyens si faibles, si limités et dangereux comme ceux de cette partie inférieure, car à chaque pas elle se heurtait à mille imperfections ou ignorances, ainsi que nous l'avons dit plus haut en parlant des sept péchés capitaux. Mais elle en est délivrée lorsque cette nuit obscure éteint toutes ses satisfactions temporelles et spirituelles, plonge dans les ténèbres tous ses raisonnements et lui procure d'autres biens sans nombre, en l'enrichissant de vertus, comme nous allons le dire maintenant. Ce sera un récit plein de charmes et très consolant pour celui qui marche par cette voie quand il constatera que ce qui semblait à l'âme si dur, si amer et si contraire à ses goûts spirituels est devenu la source de tant de biens. Or, ces biens, nous le répétons, l'âme les acquiert quand, à la faveur de la nuit obscure, elle s'éloigne par ses affections et ses œuvres de toutes les choses créées et s'élève vers les biens éternels; c'est là un grand bonheur et une heureuse fortune. D'abord parce que c'est un grand bien d'avoir éteint la passion et l'amour qui la portent vers toutes les choses créées, et ensuite parce que l'on est du très petit nombre de ceux qui souffrent et persévèrent pour passer par la porte étroite et suivre le chemin resserré qui mène à la vie, comme dit notre Sauveur [1]. La porte étroite est cette nuit des sens; l'âme se débarrasse et se dépouille des sens pour entrer dans cette nuit en s'appuyant sur la Foi, qui est complètement étrangère aux sens, afin de marcher ensuite par la voie étroite, ou l'autre nuit, celle de l'esprit. C'est par là que désormais l'âme s'avance vers Dieu, ayant pour guide la foi pure qui est le moyen par lequel elle s'unit à Dieu. Mais comme ce chemin est si étroit, si obscur et si terrible, car il n'y a pas de comparaison entre cette nuit des sens dont nous parlons et l'obscurité et les épreuves de la nuit de l'esprit, comme nous le dirons, il en résulte que ceux-là qui le suivent sont beaucoup moins nombreux, mais en revanche les avantages qu'ils y trouvent sont beaucoup plus considérables. Nous allons exposer quelques avantages de la nuit des sens avec toute la brièveté possible, afin de parler ensuite de la nuit de l'esprit.

II

(Chapitre XII)

DES AVANTAGES QUE L'AME TROUVE DANS CETTE NUIT.

Cette nuit ou purification des sens est extrêmement avantageuse pour l'âme à cause des grands biens et des profits qu'elle en retire, bien qu'il lui semble plutôt qu'on les lui enlève. De même qu'Abraham célébra une grande fête quand il sevra son fils Isaac[2], de même

1. *Mat.*, VII, 14.
2 *Gen.*, XXI, 8.

on se réjouit au ciel quand Dieu tire enfin une âme des langes de l'enfance, qu'il la dépose à terre pour la faire marcher par elle-même, qu'il la sèvre et lui ôte le lait et la nourriture délicate et suave des enfants, pour lui donner à manger le pain des forts et l'y faire prendre goût. C'est en effet dans les sécheresses et les ténèbres de la nuit sensitive que ce pain commence à se donner à l'esprit libre et dégagé des consolations sensibles; et ce pain, c'est la contemplation infuse dont nous avons parlé. Tel est le premier et principal avantage que l'âme retire ici, et c'est de lui que dérivent presque tous les autres.

Le premier qui en découle est la connaissance de nous-même et de notre propre misère. Sans doute toutes les grâces que Dieu accorde à l'âme se trouvent d'ordinaire comprises dans cette connaissance; mais la sécheresse et le vide où se trouvent les puissances comparés à l'abondance dont elles jouissaient précédemment, ainsi que la difficulté que l'âme éprouve à faire le bien, lui font découvrir en elle-même une bassesse et une misère qu'elle ne voyait pas au temps de sa prospérité. Nous en avons une figure frappante dans l'Exode. Dieu, voulant humilier les enfants d'Israël et leur apprendre à se connaître, leur ordonna de quitter leur costume et leurs habits de fête dont ils étaient vêtus d'ordinaire dans le désert, et il leur dit : *Jam nunc depone ornatum tuum* [1]. Désormais vous ne porterez plus ces ornements de fête; vous porterez les vêtements ordinaires du travail, afin que vous sachiez le traitement que vous méritez. C'est comme s'il avait dit : Le costume que vous portez est un costume de fête et d'allégresse : il est pour vous l'occasion d'avoir des sentiments de vous-mêmes qui ne sont pas conformes à votre bassesse; quittez-le, afin que désormais,

1. *Ex.*, XXXIII, 5.

en vous voyant revêtus d'un habit vil, vous compreniez que vous ne méritiez pas davantage et que vous sachiez qui vous êtes. Cet exemple montre à l'âme la réalité de sa misère qu'elle ignorait précédemment. A l'époque où elle était pour ainsi dire en fête, elle trouvait en Dieu beaucoup de joie, de consolation et de soutien; elle était un peu plus satisfaite et contente; il lui semblait qu'elle travaillait quelque peu à la gloire de Dieu. Sans doute elle ne formait pas d'une manière formelle de pareils sentiments, mais du moins elle y était portée par la satisfaction qu'elle goûtait à cette joie. Mais maintenant qu'elle a pris un vêtement de travail, qu'elle est dans les sécheresses et l'abandon, que ses premières lumières se sont éteintes, elle a et elle possède plus véritablement cette vertu si excellente et si nécessaire de la connaissance de soi, elle n'a plus aucune estime ou satisfaction d'elle-même, car elle voit que d'elle-même elle ne fait rien et ne peut rien. Or Dieu estime davantage ce peu de satisfaction qu'elle a d'elle-même et la désolation où elle est de ne pas le servir, que toutes ses œuvres et ses joies antérieures quelque élevées qu'elles fussent. Il y avait là en effet l'occasion de beaucoup d'imperfections et d'ignorances. Or c'est de la sécheresse, qui la couvre comme d'un vêtement, que naissent non seulement les biens dont nous avons parlé, mais encore ceux dont nous traiterons maintenant sans parler de beaucoup d'autres que nous passerons sous silence. Tous ces biens découlent de la connaissance de soi, comme de leur origine et de leur source.

Le premier de ces bienfaits, c'est un peu plus de respect et de retenue dans les rapports de l'âme avec Dieu, comme il est toujours requis quand on s'approche du Très-Haut. Or c'est là ce que l'âme ne faisait pas quand elle jouissait avec abondance des goûts spirituels et des consolations. Cette faveur des goûts lui inspirait à l'égard de Dieu plus de hardiesse qu'il ne fallait; elle avait moins de retenue et moins d'égards. C'est ce qui arriva à Moïse quand il comprit que Dieu lui parlait du sein du buisson ardent; emporté par ses joies et son attrait, il ne songeait pas à autre chose qu'à s'en approcher, si Dieu ne l'avait retenu en lui ordonnant d'ôter ses chaussures [1]. Par là nous voyons avec quel respect, quelle discrétion, quel dénûment d'esprit il faut traiter avec Dieu. Aussi, après avoir obéi, Moïse devint-il si prudent et si modeste que non seulement, nous dit la sainte Écriture, il craignait de s'approcher, mais qu'il n'osait même plus regarder [2]. Après avoir ôté ses chaussures, ce qui signifie la mortification des tendances et des goûts, il reconnut la profondeur de sa misère devant Dieu, comme il convenait pour entendre la parole de Dieu.

Telle est également la disposition que le Seigneur mit en Job, quand il voulut lui parler. Ce n'est point en effet quand il était au sein de ces délices et de cette gloire dont il nous parle et dont il avait coutume de jouir, mais c'est quand il fut placé tout nu sur le fumier, délaissé et même persécuté par ses amis, en proie à l'angoisse et à l'amertume, et rempli de vers, c'est alors que le Très-Haut, qui relève le pauvre du fumier, se fit gloire de descendre pour lui parler face à face, et lui découvrit les profondeurs de sa Sagesse comme il ne l'avait jamais fait au temps de sa prospérité[3].

Il convient de rappeler maintenant un avantage précieux qui provient de cette nuit ou sécheresse de la partie sensitive, puisque nous sommes arrivés à en parler. C'est dans cette nuit obscure de la partie sensi-

1. *Ex.*, III, 5.
2. *Ex.* III, 6.
3. *Job*, II, XXIX, XXX, XXXVIII.

tive que se vérifie la parole du prophète : *Orietur in tenebris lux tua* : « Votre lumière brillera au sein des ténèbres[1] ». Dieu éclaire l'âme, et alors non seulement elle connaît sa misère et sa bassesse, comme nous l'avons dit, mais elle découvre aussi la grandeur et l'excellence de son Dieu. Non seulement ses tendances, ses goûts et ses appuis sensibles ont disparu, mais l'entendement a acquis la liberté et la pureté nécessaires pour comprendre la vérité. Car les goûts sensibles et les tendances, alors même qu'ils ne se portent que vers les choses spirituelles, offusquent et embarrassent l'esprit, tandis qu'au contraire l'angoisse et la sécheresse du sens éclairent et vivifient l'entendement, comme le dit Isaïe : *Vexatio intellectum dabit auditui*[2]. Cela veut dire que la tribulation nous amène à la connaissance de Dieu. Une fois l'âme libre et détachée comme il le faut pour recevoir l'influence d'en-haut, elle passe par la nuit obscure et aride de la contemplation; et Dieu, comme nous l'avons dit, lui communique peu à peu par un moyen surnaturel les lumières de sa Sagesse, ce qu'il ne faisait pas quand l'âme goûtait les joies et les satisfactions précédentes. C'est ce que le même prophète Isaïe nous donne fort bien à entendre quand il dit : *Quem docebit scientiam ? Et quem intelligere faciet auditum ? Ablactatos a lacte, avulsos ab uberibus :* « A qui Dieu enseignera-t-il sa science ? A qui fera-t-il comprendre sa parole ? A ceux qui sont sevrés du lait des enfants, à ceux que l'on a éloignés du sein maternel[3] ». Ces paroles nous font comprendre que la disposition nécessaire pour recevoir cette communication divine n'est pas le premier lait de la suavité spirituelle, ni l'appui de ces

1. *Is.*, LVIII, 10.
2. *Is.*, XXVIII, 19.
3. *Ibid.*, XXVIII, 9.

discours savoureux des puissances sensitives où l'âme se complaît, mais plutôt la privation de l'un et le détachement de l'autre. Aussi convient-il à l'âme qui doit écouter le Roi des rois de se bien tenir sur pied, sans appui aucun du côté des sens et de ses affections. C'est ce que le prophète Habacuc dit de lui-même : *Super custodiam meam stabo, et figam gradum super munitionem, et contemplabor ut videam quid dicatur mihi* : « Je me tiendrai debout sur mes gardes, c'est-à-dire détaché de mes affections sensitives; je fixerai mes pas sur les remparts, c'est-à-dire je ne laisserai pas discourir la partie sensitive; pour contempler, c'est-à-dire pour comprendre ce qui me sera dit de la part de Dieu »[1]. Ainsi donc nous savons maintenant que de cette nuit aride découle d'abord la connaissance de soi, et celle-ci à son tour est le fondement de la connaissance de Dieu. C'est pour cela que saint Augustin disait à Dieu : Que je me connaisse, Seigneur, et je vous connaîtrai. Car, disent les philosophes, un extrême fait connaître l'autre.

Afin de mieux prouver l'efficacité que possède la nuit des sens par ses aridités et son détachement pour attirer abondamment la lumière divine à l'âme comme nous l'avons dit, nous apporterons l'autorité de David. Il donne fort bien à entendre quelle est la puissance de cette nuit pour procurer cette profonde connaissance de Dieu par ces paroles : *In terra deserta et invia et inaquosa, sic in sancto apparui tibi, ut viderem virtutem tuam et gloriam tuam* : « C'est dans une terre déserte, sans chemin et sans eau, que je me suis présenté devant vous, pour contempler votre puissance et votre gloire[2] ». Ce qui est extraordinaire, c'est que David ne nous dit pas que les délices spiri-

1. *Hab.*, II, 1.
2. *Ps.*, LXII, 3.

tuelles et les suavités qu'il avait éprouvées souvent aient été pour lui une disposition et un moyen pour arriver à connaître la gloire de Dieu; il indique au contraire la sécheresse et l'abandon de la partie sensitive qui est signifié ici par la terre aride et desséchée. Il n'indique pas, non plus, que les pensées et les discours célestes dont il s'est fréquemment servi aient été pour lui une voie pour connaître et contempler la gloire de Dieu; mais plutôt l'impuissance où il était de fixer sa pensée en Dieu, ou de se servir du raisonnement et des considérations de l'imagination, signifiée ici par la terre sans chemin. Ainsi donc le moyen que nous avons d'arriver à la connaissance de Dieu et de nous-mêmes, c'est la nuit obscure avec ses sécheresses et son aridité. Mais la plénitude et l'abondance de cette connaissance est moindre que dans l'autre nuit, ou nuit de l'esprit; elle n'en est que le commencement.

L'âme tire encore un autre profit des sécheresses et de l'aridité de cette nuit des sens; c'est l'humilité de l'esprit, vertu qui est opposée au premier des péchés capitaux ou à l'orgueil de l'esprit dont nous avons parlé. Cette humilité, qui provient de la connaissance de nous-mêmes, purifie l'âme de toutes ces imperfections d'orgueil où elle tombait au temps de sa prospérité. Comme elle se voit dans une telle aridité et une si profonde misère, elle n'a pas, même par un premier mouvement, la pensée qu'elle soit plus parfaite que les autres ou qu'elle l'emporte sur eux, comme cela lui arrivait précédemment; au contraire, elle voit que les autres lui sont supérieurs. Cette considération engendre en elle l'amour du prochain; elle l'estime; elle ne porte plus de jugement sur lui comme précédemment, quand elle voyait qu'elle était remplie de ferveur et les autres non. Elle ne considère que sa propre misère, qui est sans cesse présente à ses yeux, et ne la laisse pas regarder les défauts des autres. C'est ce que

David, lorsqu'il était dans cette nuit obscure, exprime admirablement en ces termes : *Obmutui et humiliatus sum, et silui a bonis, et dolor meus renovatus est :* « Je me suis tu et je me suis humilié, j'ai gardé le silence sur les biens, et ma douleur s'est renouvelée [1]. Il s'exprime ainsi, parce qu'il lui semble que les biens de son âme sont tellement taris, que non seulement il n'en peut rien dire et qu'il n'y a pas lieu d'en parler, mais qu'à la vue de la vertu des autres la connaissance de sa propre misère le rend muet de douleur.

Cette nuit rend encore soumise et obéissante l'âme qui suit la voie spirituelle. Comme elle se voit si remplie de misères, non seulement elle écoute volontiers ceux qui l'enseignent, mais elle a en outre le désir que tout le monde lui donne des conseils et des avis sur la conduite à suivre. La présomption affective qu'elle avait parfois dans la prospérité disparaît, et enfin elle se dépouille peu à peu de toutes les imperfections dont nous parlons ici et qui se rattachent, comme nous l'avons dit, au premier péché capital, l'orgueil de l'esprit.

III

(Chapitre XIII)

DES AUTRES AVANTAGES QUE PRODUIT DANS L'AME LA NUIT DES SENS.

L'âme avait encore des imperfections se rattachant à l'avarice spirituelle; elle désirait tantôt une chose tantôt une autre; elle n'était jamais satisfaite, ni d'un

1. *Ps.*, XXXVIII, 3.

exercice de piété, ni d'un autre, à cause du désir des douceurs et des satisfactions qu'elle y trouvait, et la voilà maintenant complètement transformée dans cette nuit si profonde et si pleine d'aridités. Comme elle n'a plus les suavités et les douceurs auxquelles elle était habituée, mais bien du dégoût et des épreuves, elle continue ses dévotions avec tant de calme qu'elle pourrait peut-être pécher par défaut, là où précédemment elle péchait par excès. Néanmoins, l'âme qui est introduite dans cette nuit reçoit ordinairement de Dieu l'humilité et l'esprit de promptitude dans l'accomplissement de l'obéissance par pur amour pour Dieu, et sans consolation. Aussi elle se détache d'une foule de choses où elle mettait précédemment ses complaisances.

De plus, les sécheresses et le dégoût de la partie sensitive, que l'âme éprouve pour les pratiques spirituelles, la délivrent des impuretés dont nous avons parlé en traitant de la luxure spirituelle; car ces misères, avons-nous dit, procèdent d'ordinaire des complaisances de l'esprit qui rejaillissent sur les sens.

Quant aux imperfections qui se rattachent à la gourmandise spirituelle, le quatrième des péchés capitaux, et dont l'âme se délivre dans cette nuit obscure, on peut voir plus haut ce que nous en avons dit; mais nous ne les avons pas toutes rapportées, car elles sont innombrables. Je n'en dirai donc rien ici; mon désir, en effet, est d'en finir avec cette nuit, pour arriver à l'autre nuit qui renferme de graves enseignements et une doctrine profonde. Pour comprendre que, sans parler des avantages dont il a été question, il y en a d'incomparables que l'âme acquiert dans cette nuit contre ce vice de la gourmandise spirituelle, il suffit d'ajouter qu'elle y est délivrée de toutes les imperfections dont il a été question, ainsi que de beaucoup d'autres maux plus graves encore et de vices abominables, dont nous n'avons rien dit, mais où beaucoup sont tombés, comme l'expérience nous l'a prouvé, parce qu'ils n'ont pas réformé le vice de la gourmandise spirituelle. En effet, dans cette nuit obscure et pleine d'aridité où Dieu introduit l'âme, il met un frein à sa concupiscence et à ses penchants. Aussi ne peut-elle plus se nourrir de quelque goût ou faveur sensible du ciel ou de la terre. Dieu la retient de telle sorte dans cet état qu'elle est soumise, transformée, et maîtresse de sa concupiscence et de ses penchants. Sa concupiscence, en effet, et ses penchants, ont perdu leur force; leur activité n'étant plus alimentée par les plaisirs précédents est devenue sans vigueur; de même que le sein se dessèche lorsqu'on n'en tire plus le lait, de même l'âme, une fois ses passions subjuguées, réalise non seulement des progrès à l'aide de cette admirable sobriété spirituelle dont nous avons parlé, mais elle en acquiert ici encore d'autres, parce que ses passions sont apaisées; elle vit dans la paix et la tranquillité spirituelle; car là où ne règnent plus les passions ni la concupiscence, il n'y a plus de trouble, mais la paix et les consolations divines.

De là résulte un second avantage, c'est le sentiment constant de la présence de Dieu, qui est accompagné de la crainte de reculer dans ce chemin de la vie spirituelle, comme nous l'avons dit. Cet avantage est très précieux, et non des moindres au milieu de cette sécheresse et de cette purification des sens; car l'âme se libère des imperfections qui s'attachaient à elle par suite de ses passions et de ses affections dont le propre est d'arrêter son élan et de lui cacher la lumière.

Il y a encore un autre avantage très grand dans cette nuit, c'est que l'âme s'exerce à la pratique de toutes les vertus à la fois. Elle s'exerce à la patience et à la longanimité au milieu des sécheresses et des abandons, quand il faut persévérer dans les pratiques de piété où l'on ne trouve ni consolation ni goût. Elle s'exerce à la charité envers Dieu, car elle agit non par suite de l'attrait ou de la saveur qu'elle trouve dans ses œuvres, mais uniquement dans le but de plaire à Dieu. Elle pratique également la vertu de force; car au milieu des difficultés et des répugnances qui contrarient son activité, elle tire des forces de sa faiblesse même et devient plus vaillante. Finalement, toutes les vertus théologales, cardinales et morales, agissent alors sur le corps et l'esprit.

Cette nuit produit donc les quatre avantages dont nous avons parlé : la délectation de la paix, le souvenir habituel de Dieu avec le désir de lui plaire, la pureté et la chasteté de l'âme, et enfin la pratique des vertus dont il vient d'être question. C'est là ce que David a constaté lui-même quand il était dans cette nuit. Il a dit en effet : « Mon âme a refusé toute consolation; je me suis souvenu de Dieu et je me suis réjoui; je me suis exercé dans la méditation et mon esprit est tombé en défaillance [1] ». Il a ajouté aussitôt : « J'ai médité pendant la nuit dans mon cœur; je me suis exercé à mettre la limpidité dans mon esprit et à le purifier » [2], c'est-à-dire à en chasser toutes les affections.

Quant aux imperfections des trois autres vices spirituels dont il a été question, l'envie, la colère et la paresse, l'âme en est alors purifiée, et elle acquiert les vertus qui leur sont contraires. Assouplie et humiliée par ces aridités et ces difficultés, ainsi que par d'autres tentations ou épreuves par lesquelles Dieu la fait passer dans cette nuit, elle devient douce à l'égard de Dieu, d'elle-même et du prochain. Elle ne se fâche plus contre elle-même ni contre le prochain, et ne se trouble plus de ses propres fautes ni de celles des

1. *Ps.*, LXXVI, 3, 4.
2. *Ibid.*, LXXVI, 7.

autres; elle n'a plus de dégoûts de Dieu ni de plaintes déplacées à son égard, parce qu'il ne la rend pas bonne immédiatement.

Elle ne se laisse plus aller à l'envie; elle pratique maintenant la charité envers le prochain. S'il y a en elle quelque envie, c'est une envie qui n'a rien de vicieux comme la précédente, alors qu'elle était peinée de voir que les autres lui étaient préférés et avaient plus de vertu; car désormais elle leur cède volontiers la palme, quand elle se voit si misérable; l'envie qui l'anime, si elle en a quelqu'une, est une envie vertueuse, qui consiste à vouloir les imiter; et c'est là le signe d'une vertu profonde.

Quant à la paresse et aux tristesses que l'âme éprouve ici dans les choses spirituelles, elles n'ont rien de vicieux comme précédemment, car ces sentiments provenaient des goûts spirituels qu'elle avait parfois et dont elle désirait le retour; mais actuellement ils ne procèdent plus de ce goût imparfait dès lors que Dieu le lui a enlevé par rapport à tout le créé dans cette purification des sens.

Outre ces avantages dont nous venons de parler, il y en a d'autres en grand nombre que l'âme acquiert par cette contemplation aride. Quand elle est au milieu de ces sécheresses et de ces angoisses, il arrive souvent qu'au moment où elle y pense le moins Dieu lui communique une suavité spirituelle, un amour pur, des lumières spirituelles même très élevées, dont chacune est plus profitable et plus précieuse que tout ce dont elle faisait précédemment ses délices. Mais, je l'avoue, l'âme au début ne le juge pas de la sorte; la cause en vient de ce que la communication spirituelle qui lui est faite est d'une nature très délicate et n'est pas perçue par les sens.

Enfin, plus l'âme se purifie de ses affections et désirs sensitifs, plus aussi elle acquiert cette liberté d'esprit qui l'enrichit peu à peu des douze fruits de l'Esprit-Saint. Par là encore elle se délivre d'une manière admirable des mains de ses trois ennemis qui sont le démon, le monde et la chair; dès lors, en effet, que s'amortissent la saveur et les goûts sensitifs par rapport aux objets créés, le démon, le monde et la sensualité n'ont plus ni armes ni force contre l'esprit.

Ce sont donc les sécheresses qui font avancer l'âme dans la voie du pur amour de Dieu. Elle ne se porte plus désormais à agir sous l'influence du goût et de la saveur qu'elle trouvait dans ses actions; elle ne se meut que pour plaire à Dieu. Elle n'a plus de présomption ni de satisfaction personnelle, comme elle en avait peut-être l'habitude au temps de la prospérité; elle est devenue craintive et défiante d'elle-même; elle ne cherche plus de satisfaction en elle-même; aussi vit-elle dans cette crainte salutaire qui conserve et augmente les vertus.

Les sécheresses éteignent encore les convoitises et les élans de la nature, comme il a été dit; car, je le répète, si Dieu ne lui donnait parfois quelque jouissance, ce serait une merveille qu'elle procurât par ses propres efforts une douceur ou une consolation sensible dans ses œuvres ou exercices spirituels.

C'est au sein de cette nuit aride que l'âme grandit dans l'amour de Dieu et le désir ardent de le glorifier. Les sources de sa sensualité diminuant peu à peu elle ne donne plus d'aliment à la convoitise qui l'attirait; il lui reste seulement, dans le dénûment de tout créé, un désir ardent de glorifier Dieu; et cette disposition est très agréable à sa Majesté. David a dit en effet : « L'esprit brisé de douleur est le sacrifice agréable à Dieu [1] ». Voilà pourquoi l'âme qui reconnaît que, en passant par cette purification ou nuit obscure, elle a

1. *Ps.*, L, 19.

obtenu les avantages si nombreux et si précieux dont nous avons parlé, prononce à bon droit ce verset du Cantique que nous expliquons :

Oh! l'heureux sort!
Je suis sortie sans être vue.

Cela veut dire : Je me suis délivrée des liens et de la sujétion où me tenaient les tendances et les inclinations de mes sens; je suis sortie sans être aperçue, c'est-à-dire sans que les trois ennemis dont j'ai parlé aient pu m'en empêcher; car, je le répète, les tendances et les vains plaisirs sont pour eux comme autant de liens dont ils enserrent l'âme, afin de l'empêcher de sortir d'elle-même et d'arriver à aimer Dieu librement; une fois privés de ce moyen, ils sont impuissants à combattre l'âme.

Ainsi donc une continuelle mortification a apaisé les quatre passions de l'âme qui sont la joie, la douleur, l'espérance et la crainte; les sécheresses habituelles ont endormi les convoitises naturelles de la sensualité; les sens et les puissances intérieures se sont établis dans une harmonie parfaite, en cessant leurs opérations discursives, qui, comme nous l'avons dit, constituaient tout le peuple habitant la partie inférieure de l'âme; c'est là ce que l'âme appelle sa demeure quand elle dit :

Tandis que ma demeure était déjà en paix.

On explique ce dernier vers de la première strophe

(Chapitre XIV)

Cette demeure de la sensualité est déjà dans la paix; les passions sont mortifiées, les convoitises sont apaisées, les tendances calmées et endormies par le moyen de cette bienheureuse nuit de la purification des sens. Aussi l'âme est-elle sortie; elle commence à entrer dans cette voie de l'esprit qui est celle de ceux qui avancent ou sont déjà avancés et qu'on appelle encore voie illuminative, ou voie de contemplation infuse; c'est là que Dieu nourrit l'âme de lui-même et la sustente sans qu'elle y contribue par des raisonnements, une coopération active ou une industrie quelconque. Telle est, comme nous l'avons dit, la nuit et la purification des sens. Cette nuit n'est pas atteinte par le grand nombre : ce n'est ordinairement que le petit nombre qui y entre, et qui doit arriver plus tard à la nuit plus profonde encore de l'esprit, afin de parvenir jusqu'à l'union d'amour avec Dieu. Ceux qui s'y trouvent ont d'ordinaire de terribles tribulations et tentations dans les sens; cette épreuve dure longtemps, mais elle se prolonge plus chez les uns que chez les autres. Quelques-uns sont assaillis par l'ange de Satan qui est un esprit de fornication, qui trouble leurs sens par de fortes et abominables tentations, tourmente leur esprit par de vilaines pensées ou leur imagination par des représentations tellement vives que leur tourment est pire que celui de la mort.

D'autres fois ceux qui sont dans cette nuit sont tentés par l'esprit de blasphème : toutes leurs pensées sont traversées d'épouvantables blasphèmes; leur imagination en est tellement frappée à certains moments qu'ils semblent presque les prononcer : et ils en éprouvent un cruel tourment.

D'autres fois ils sont assaillis d'un autre esprit abominable qu'on appelle esprit de vertige et dont le but n'est pas de porter au mal, mais de mettre à l'épreuve. Leur sens en est tellement obscurci qu'il est rempli de mille scrupules et de troubles paraissant indéfinissables. Aussi rien ne les satisfait, et ils sont impuissants, d'après leur jugement, à suivre le conseil ou l'avis des autres. Cette épreuve est l'une des plus terribles épines et l'une des plus grandes horreurs de cette nuit des sens; elle se rapproche beaucoup des tourments de la nuit de l'esprit.

Telles sont les tempêtes et les épreuves que Dieu envoie d'ordinaire dans cette nuit et purification des sens à ceux qu'il doit introduire plus tard dans l'autre nuit, bien que tous n'y arrivent pas. C'est quand ils sont éprouvés, souffletés, qu'ils exercent, se préparent, et façonnent les sens et les puissances à l'union de la divine Sagesse où ils seront admis. Car si l'âme n'est pas tentée, éprouvée par les peines et les chagrins, ses sens n'arriveront pas à cette Sagesse. Voilà pourquoi l'Ecclésiastique a dit : *Qui non est tentatus, quid scit ? Qui non est expertus, pauca recognoscit :* « Celui qui n'a pas été tenté, que sait-il ? Celui qui n'a point d'expérience connaît peu de chose[1]. » Cette vérité nous est encore bien démontrée par Jérémie quand il nous dit : *Castigasti me, et eruditus sum :* « Vous m'avez châtié, Seigneur, et j'ai été instruit[2]. » Or le châtiment le plus propre à nous introduire dans la divine

1. *Ecc.*, XXXIV, 9, 10.
2. *Jér.* XXXI, 18.

Sagesse consiste dans les épreuves intérieures dont nous parlons. Elles sont de celles qui ont le plus d'efficacité pour purifier les sens de toutes les satisfactions et de toutes les consolations auxquelles ils étaient attachés par leur faiblesse naturelle; si l'âme est alors vraiment humiliée, c'est en vue de l'exaltation qui lui est réservée.

Quant à la durée de ce jeûne et de cette pénitence des sens, on ne saurait la déterminer. Tous ne sont pas soumis aux mêmes tentations ni aux mêmes épreuves. Dieu les mesure d'après sa volonté, en conformité aux imperfections plus ou moins grandes qu'il y a à déraciner; c'est aussi d'après le degré d'amour où il les veut élever qu'il leur envoie des humiliations plus ou moins profondes et les éprouve plus ou moins longtemps. Néanmoins, la purification de ceux qui sont forts et plus capables de souffrir est plus intense et plus rapide. Quant à ceux qui sont d'un naturel très faible, ils sont beaucoup moins éprouvés et tentés; aussi restent-ils très longtemps dans cette nuit des sens. S'ils reçoivent d'ordinaire quelques consolations sensibles pour qu'ils ne retournent pas en arrière, ils arrivent tard à la pureté parfaite; quelques-uns même n'y arrivent jamais. Ils ne sont complètement ni dans cette nuit, ni en dehors d'elle. Voilà des âmes qui ne monteront pas plus haut; mais pour qu'elles se maintiennent dans l'humilité et la connaissance d'elles-mêmes, Dieu les exerce durant quelque temps ou quelques jours au milieu des sécheresses et des tentations, tout en les soutenant de temps en temps pour qu'elles ne perdent pas courage et ne retournent pas aux plaisirs du monde. Il y a d'autres âmes plus faibles encore, que Dieu semble comme abandonner ou délaisser pour les stimuler à l'aimer, car sans ces marques de froideur elles n'apprendraient jamais à se rapprocher de lui.

Quant aux âmes qui doivent passer à ce bienheureux et sublime état de l'union d'amour, si rapidement que Dieu les élève, elles restent d'ordinaire très longtemps dans les sécheresses et les épreuves, comme l'expérience le démontre.

Mais il est déjà temps de commencer à parler de la seconde Nuit.

NUIT OBSCURE
DE L'ESPRIT

I

(Chapitre I)

On commence à parler de la nuit de l'esprit. On montre à quelle époque elle commence.

Voilà donc l'âme que Dieu doit élever plus haut. Mais ce n'est pas aussitôt qu'elle sort des sécheresses et des épreuves de la première purification ou nuit des sens que sa Majesté l'introduit dans la nuit de l'esprit. Elle passe d'ordinaire un temps très long et même des années, où, après avoir franchi l'état des commençants, elle doit s'exercer dans celui de ceux qui progressent. Semblable à celui qui est sorti d'une étroite prison, elle s'avance dans les choses de Dieu avec beaucoup plus d'aisance et de satisfaction, comme aussi avec une joie plus abondante et plus intime que dans es débuts avant son entrée dans cette nuit; désormais son imagination et ses puissances ne sont plus embarrassées comme elles l'étaient par les liens du raisonnement ou des préoccupations spirituelles. C'est avec la plus grande facilité qu'elle trouve immédiatement dans son esprit une douce et amoureuse contemplation ainsi qu'une saveur spirituelle sans qu'il lui en coûte le moindre raisonnement.

Néanmoins la purification de l'âme n'a pas été achevée : il y manque la partie principale, la purification de l'esprit, sans laquelle, vu les liens étroits qu'il y a entre l'une et l'autre, puisqu'elles font partie d'un même sujet, la purification des sens elle-même, si profonde qu'elle ait été, ne saurait être achevée ni parfaite. Aussi l'âme ne manquera-t-elle pas encore de passer parfois par certaines sécheresses, aridités, ténèbres et angoisses; parfois même ces épreuves seront beaucoup plus intenses que les précédentes; car elles sont comme les avant-coureurs et les messagers de la nuit de l'esprit qui va venir; leur durée cependant ne sera pas aussi longue que celle de la nuit de l'esprit qu'elle attend. Quand elle s'est trouvée quelques instants, quelques heures ou quelques jours au milieu de cette nuit ou de cette tempête, elle recouvre aussitôt sa sérénité ordinaire. C'est de la sorte que Dieu purifie peu à peu certaines âmes qui ne doivent pas arriver à un aussi haut degré d'amour que les autres; il les met parfois et par intervalles dans cette nuit de contemplation ou de purification spirituelle; il les fait passer fréquemment des ténèbres de la nuit à la lumière du jour. C'est ainsi que se vérifie la parole de David : « Il envoie sa face », c'est-à-dire sa contemplation, « comme par petites bouchées » : *Mittit cristallum suam sicut buccellas*[1]. Il est vrai, ces petites bouchées de contemplation obscure ne sont jamais aussi pénétrantes que celles de l'horrible nuit de contemplation dont nous devons parler et où Dieu introduit l'âme pour l'élever jusqu'à l'union avec lui.

Cette saveur et cette suavité intérieure dont nous parlons et que ceux qui progressent trouvent avec facilité et abondance et goûtent dans leur esprit, ils les reçoivent donc avec beaucoup plus d'abondance que précédemment, et leur rejaillissement sur les sens est beaucoup plus pénétrant qu'avant cette purification des sens. Plus, en effet, les sens sont purifiés, plus aussi ils ont de facilité pour goûter à leur manière les

1. *Ps.*, CXLVII, 17.

joies de l'esprit. Comme en définitive cette partie sensitive de l'âme est faible et incapable de supporter les fortes impressions de l'esprit, il en résulte que ceux qui sont dans l'état de progrès, et vu le rejaillissement de l'esprit sur la partie sensitive, éprouvent dans cette partie sensitive de nombreuses faiblesses, des souffrances, des fatigues d'estomac et par suite également des fatigues d'esprit. C'est ce que le Sage exprime en ces termes : *Corpus enim quod corrumpitur, aggravat animam :* « Le corps, qui est sujet à la corruption, appesantit l'âme [1] ». De là il suit que ces communications dont nous parlons ne peuvent être ni très fortes, ni très intenses, ni très spirituelles, ni telles qu'il le faudrait pour l'union divine, car elles participent à la faiblesse et à la corruption de la sensualité. Voilà ce qui explique les ravissements, les extases, les dislocations des os qui se produisent toujours quand les communications ne sont pas purement spirituelles, c'est-à-dire pour l'esprit seul; et c'est le cas pour les parfaits. Ils sont déjà purifiés dans la seconde nuit, celle de l'esprit; on ne voit plus chez eux ces ravissements, ces agitations du corps; ils jouissent de la liberté d'esprit, sans que leurs sens en soient offusqués ou tourmentés.

Mais pour que l'on comprenne bien la nécessité où sont les progressants d'entrer dans cette nuit de l'esprit, nous signalerons ici quelques-unes de leurs imperfections, ainsi que les dangers auxquels ils sont exposés.

1. *Sag.*, IX, 15.

II

(Chapitre II)

QUELQUES - UNES DES IMPERFECTIONS DE CEUX QUI SONT DANS L'ÉTAT DE PROGRÈS.

Il y a deux sortes d'imperfections chez ceux qui sont dans l'état de progrès : les unes sont habituelles, les autres actuelles. Les habituelles sont les attaches et habitudes imparfaites dont les racines sont encore restées dans l'esprit, où la purification des sens n'a pu parvenir. Entre ces deux purifications il y a la même différence qu'entre déraciner un arbre et en couper une branche ou effacer une tache de fraîche date et celle qui est déjà ancienne. Comme nous l'avons déjà dit, la purification des sens n'est que la porte et le principe de la contemplation qui mène à celle de l'esprit, et, comme nous l'avons dit également, son but est plutôt d'accommoder les sens à l'esprit, que d'unir l'esprit à Dieu. Mais les taches du vieil homme restent encore dans l'esprit, bien qu'il ne s'en aperçoive pas et ne le voie pas. Voilà pourquoi, si on ne les fait pas disparaître avec le savon et la forte lessive de la purification de cette nuit, l'esprit ne pourra parvenir à la pureté de l'union divine.

Ceux qui sont dans l'état de progrès ont encore comme imperfections habituelles la pesanteur d'esprit, la rudesse naturelle que tout homme contracte par le péché; ils sont distraits, ils se livrent aux épanchements extérieurs. Voilà pourquoi il leur convient d'être éclairés, purifiés et mis dans le recueillement par les peines et les angoisses de cette nuit de l'esprit. Tous ceux qui n'ont pas encore dépassé cet état des progressants sont sujets à ces imperfections habituelles, qui, nous le répétons, sont incompatibles avec l'état parfait de l'union d'amour.

Mais tous ne tombent pas de la même manière dans les imperfections actuelles. Quelques-uns comprennent ces biens spirituels d'une façon si étrange et si conforme aux sens qu'ils tombent dans des inconvénients et des dangers plus grands que ceux dont nous avons parlé au commencement. Ils reçoivent une foule de communications et de pensées dans leurs sens et dans leur esprit; bien souvent ils ont des visions imaginaires et spirituelles; dans cet état d'ailleurs ils ont aussi fréquemment des sentiments pleins de saveur. Or c'est alors que le démon et l'imagination tendent très ordinairement des pièges à l'âme. Le démon lui insinue et lui suggère ces pensées avec tant de charme qu'il la trompe et séduit très facilement, si elle n'a pas la précaution de vivre dans la résignation à la volonté de Dieu et de se prémunir fortement par la foi contre toutes ces visions et imaginations. Tel est le moyen que le démon emploie à l'égard de beaucoup pour les faire adhérer à de fausses visions et à de fausses prophéties; c'est alors qu'il leur suggère la présomption de croire que Dieu et les saints leur parlent, quand bien souvent il ne s'agit que de leur imagination. Le démon a coutume encore de les remplir de présomption et d'orgueil, et ces personnes, attirées par leur vanité et leur arrogance, se laissent volontiers voir dans des actes extérieurs qui paraissent des actes de sainteté, comme sont les ravissements et autres manifestations extérieures. Elles se montrent pleines d'audace à l'égard de Dieu; elles perdent la sainte crainte qui est la clef et la sauvegarde de toutes les vertus; quelques-unes même multiplient à ce point le nombre de leurs faussetés et de leurs tromperies et s'y endurcissent de telle sorte qu'elles rendent très douteux leur retour au pur chemin de la vertu et du véritable esprit. Si elles en sont venues à de pareilles misères, c'est qu'au début, lorsqu'elles commençaient à progresser dans ces voies surnaturelles, elles se sont livrées avec trop de sécurité à ces sortes de connaissances ou appréhensions spirituelles. Il y aurait beaucoup à dire sur ces imperfections; mais, comme elles sont d'autant plus incurables qu'on les regarde comme plus spirituelles que les premières, je n'en veux rien dire. J'ajoute seulement, pour prouver la nécessité de la nuit de l'esprit ou de la purification spirituelle chez celui qui doit monter plus haut, que, parmi ceux qui se trouvent dans l'état des progressants, il n'y en a aucun qui malgré tous ses efforts, n'ait encore beaucoup de ces affections naturelles et de ces habitudes imparfaites, qu'il faudrait, avons-nous dit, nécessairement purifier pour pouvoir passer à l'union divine. De plus, comme nous l'avons dit plus haut, la partie inférieure a beau avoir une communication de ces faveurs spirituelles, ces faveurs ne seront jamais aussi intenses, aussi pures et aussi fortes qu'il le faut pour l'union. Voilà pourquoi il convient à l'âme qui doit arriver à l'union d'entrer dans la seconde nuit, celle de l'esprit; c'est là que les sens et l'esprit sont complètement dépouillés de toutes ces appréhensions et goûts sensibles; on l'oblige alors à marcher dans l'obscurité et la pureté de la foi, car la foi est le moyen propre et adéquat pour l'union de l'âme avec Dieu, selon cette parole d'Osée : *Sponsabo te mihi in fide* : « Je t'épouserai, c'est-à-dire je t'unirai à moi par la foi[1]. »

---

1. *Osée*, II, 20.

III

(Chapitre III)

OBSERVATION SUR CE QUI VA SUIVRE.

Les personnes adonnées à la spiritualité ont donc progressé durant le temps qu'elles ont passé à nourrir leurs sens de douces communications. Aussi la partie sensitive, attirée et captivée par les délices qui dérivent de la partie spirituelle, s'unit à elle et s'accommode à elle. L'une et l'autre prennent chacune à sa manière le même aliment spirituel; elles le puisent à la même source et le destinent à un seul et même sujet. De la sorte toutes les deux étant unies, et ne formant qu'un pour ainsi dire, se trouvent disposées à la dure et pénible purification de l'esprit qui les attend. C'est là que ces deux parties de l'âme, la spirituelle et la sensitive, doivent être purifiées complètement, car la purification de l'une ne se réalise jamais bien sans l'autre, et celle du sens n'est pas sérieuse si celle de l'esprit n'a pas véritablement commencé. Voilà pourquoi la nuit des sens dont nous avons parlé peut et doit s'appeler plutôt une certaine réforme des passions ou un frein qui leur est imposé, qu'une purification proprement dite. La raison en est que toutes les imperfections et tous les désordres de la partie sensitive ont leurs racines dans l'esprit; et c'est de là que vient leur force; c'est là que se forment les habitudes bonnes ou mauvaises; voilà pourquoi tant que ces habitudes ne sont pas purifiées, les rébellions et les vices des sens ne le seront jamais complètement.

Dans la nuit dont nous allons parler les deux par

ties, la sensitive et la spirituelle, se purifient en même temps. C'est là le but pour lequel il convenait au sens de passer par la réforme de la première nuit afin d'y trouver le calme dont il jouissait quand il en est sorti, et qu'une fois uni à l'esprit, ils se purifient en quelque sorte simultanément et que tous y supportent leurs souffrances avec plus de force, car pour endurer une purification si pénible et si dure il faut une telle disposition que si la faiblesse de la partie inférieure n'avait été tout d'abord réformée, et si elle n'avait puisé du courage dans des communications avec Dieu pleines de douceur et de suavité, elle n'aurait jamais été disposée à une si grande souffrance et elle n'en aurait pas eu la force.

Néanmoins ces progressants ont encore des manières d'agir avec Dieu qui sont très basses. L'or de leur esprit n'est pas encore purifié et poli; ils comprennent les choses de Dieu comme de petits enfants; ils en parlent comme de petits enfants; ils les goûtent, et ils les sentent comme de petits enfants. Car, dit saint Paul[1], ils ne sont pas encore arrivés à la perfection, c'est-à-dire à l'union de l'âme avec Dieu. C'est par cette union qu'ils deviennent grands; une fois investis de l'esprit de Dieu, ils opèrent de grandes œuvres; et désormais leurs œuvres et leurs facultés sont plus divines qu'humaines, comme nous l'exposerons plus loin. Dieu veut en réalité les dépouiller du vieil homme et les revêtir de l'homme nouveau qui est créé selon lui par le renouvellement des sens dont parle l'Apôtre[2]; il porte le dépouillement dans leurs puissances, dans leurs affections et dans leurs sens, au point de vue spirituel et sensible à l'extérieur et à l'intérieur; il plonge l'entendement dans les ténèbres

1. *I. Cor.*, XIII, 11.
2. *Eph.*, IV, 23.

et la volonté dans les sécheresses; il met la mémoire dans le vide; il jette les affections de l'âme dans la plus profonde affliction, dans l'amertume et les angoisses; il prive l'âme du sentiment et du goût qu'elle éprouvait précédemment dans les biens spirituels; car cette privation est une des conditions requises pour que s'introduise en elle et s'unisse à elle la forme spirituelle de l'esprit qui est l'union d'amour. Voilà ce que le Seigneur opère en elle par le moyen de la pure et obscure contemplation, comme le donne à entendre la première strophe. Sans doute cette strophe a déjà été expliquée quand nous avons parlé de la première nuit, celle des sens, mais l'âme doit l'entendre surtout de cette seconde nuit, ou nuit de l'esprit, qui constitue la partie principale de la purification de l'âme. C'est dans ce but que nous la rappelons et que nous l'expliquerons de nouveau.

On rappelle la première strophe et on l'explique.

Par une nuit profonde,
Étant pleine d'angoisse et enflammée d'amour,
Oh! l'heureux sort !
Je sortis sans être vue,
Tandis que ma demeure était déjà en paix.

(Chapitre IV)

Appliquons maintenant cette strophe à la purification, à la contemplation, dénûment ou pauvreté d'esprit, car tout cela signifie presque une même chose. Nous pouvons l'expliquer de la façon dont l'âme s'exprime. C'est dans la pauvreté, l'abandon, le dénûment de toutes les pensées de mon âme, c'est-à-dire dans les ténèbres de mon intelligence, dans les angoisses de ma volonté, dans les afflictions et les chagrins de ma mémoire, que je suis sortie; je me suis abandonnée aveuglément à la foi pure, qui est une nuit obscure pour toutes mes puissances naturelles; seule la volonté, touchée de douleur et d'affliction, était embrasée d'amour de Dieu. Cela veut dire que j'ai abandonné ma basse manière de comprendre Dieu, ma débile manière de l'aimer, ma pauvre et étroite manière de le goûter, sans que la sensualité ou le démon aient pu m'en empêcher. Ç'a été un grand bonheur et une heureuse fortune pour moi. Car mes facultés, passions, tendances, attaches, qui me procuraient des sentiments et des goûts vulgaires sur Dieu, se sont anéanties et placées dans le repos, et alors j'ai abandonné mes procédés et moyens d'agir tout humains pour prendre des procédés et moyens d'agir tout divins. Cela signifie que mon entendement est sorti de lui-même; c'est-à-dire que, d'humain et de naturel qu'il était, il est devenu divin. Il s'est uni à Dieu par le moyen de cette purification; ce n'est plus en vertu de ses forces naturelles qu'il comprend, mais en vertu de la Sagesse divine à laquelle il s'est uni. Ma volonté est sortie d'elle-même en se faisant divine. Car, unie à l'amour divin, elle n'aime plus désormais d'une manière basse par ses forces naturelles, mais avec la force et la vertu de l'Esprit-Saint; voilà pourquoi elle n'agit plus d'une manière humaine à l'égard de Dieu. Il faut en dire tout autant de la mémoire, dont tous les souvenirs se sont changés en pensées éternelles de gloire. Enfin toutes les forces et toutes les affections de l'âme, en passant par cette nuit et cette purification du vieil homme, se sont renouvelées dans les perfections et les délices de la Divinité.

Voici le vers :

Par une nuit profonde.

I

(Chapitre V)

ON COMMENCE À EXPLIQUER COMMENT CETTE CONTEMPLATION OBSCURE EST NON SEULEMENT UNE NUIT POUR L'ÂME MAIS ENCORE UNE PEINE ET UN TOURMENT.

Cette nuit obscure est une influence de Dieu dans l'âme qui la purifie de ses ignorances et de ses imperfections habituelles, aussi bien naturelles que spirituelles. Les contemplatifs l'appellent contemplation infuse, ou théologie mystique. C'est là dans le secret que Dieu instruit l'âme et lui apprend la perfection de l'amour, sans qu'elle-même y coopère ou comprenne de quelle sorte est cette contemplation infuse. En tant qu'elle est Sagesse de Dieu pleine d'amour, Dieu en produit les effets principaux dans l'âme; car il la dispose à l'union d'amour avec lui en la purifiant et en l'éclairant. Ainsi c'est la même Sagesse pleine d'amour qui purifie les esprits bien heureux en les éclairant et qui purifie l'âme ici-bas en l'illuminant.

Mais, dira-t-on, s'il en est ainsi, pourquoi cette lumière divine, qui d'après nous éclaire l'âme et la purifie de ses ignorances, est-elle appelée par l'âme une nuit obscure ? A cela on répond que c'est pour deux motifs que cette divine Sagesse non seulement est pour l'âme une nuit pleine de ténèbres, mais encore une peine et un tourment. Le premier, c'est l'élévation de la Sagesse divine qui dépasse la capacité de l'âme et par cela même est pleine d'obscurité pour elle. Le second, c'est la bassesse et l'impureté de l'âme, ce qui fait que cette lumière est pour elle pénible, douloureuse et même obscure.

Pour prouver le premier motif, il convient de rappeler cette doctrine du Philosophe, d'après laquelle plus les choses divines sont en soi claires et manifestes, plus elles sont naturellement obscures et cachées à l'âme. Il en est ici comme de la lumière naturelle : plus elle est claire, plus elle éblouit et obscurcit la pupille du hibou; plus on veut fixer le soleil en face, et plus on éblouit la puissance visuelle et on la prive de lumière; cette lumière dépasse la faiblesse de l'œil.

De même quand cette divine lumière de la contemplation investit l'âme qui n'est pas encore complètement éclairée, elle produit en elle des ténèbres spirituelles, parce que non seulement elle la dépasse, mais parce qu'elle la prive de son intelligence naturelle et en obscurcit l'acte. Voilà pourquoi saint Denis et d'autres théologiens mystiques appellent cette contemplation infuse un rayon de ténèbres. Cela s'entend pour l'âme qui n'est pas encore éclairée et purifiée, car la grande lumière surnaturelle de cette contemplation paralyse les forces privées et naturelles de l'entendement. Aussi David a-t-il dit à son tour : *Nubes et caligo in circuitu ejus :* « La nuée et l'obscurité environnent Dieu »[1]. Il n'en est pas ainsi en réalité; mais cela paraît tel pour notre faible entendement; il est aveuglé par cette lumière immense; il est ébloui; il est incapable de s'élever à une telle hauteur. David l'explique quand il ajoute : *Prae fulgore in conspectu ejus nubes transierunt :* « A l'éclat de sa présence les nuées se sont interposées »[2]; cela veut dire qu'elles se sont interposées entre notre entendement et Dieu. La

1. *Ps.*, XCVI, 2.
2. *Ps.*, XVII, 13.

cause c'est que, quand Dieu fait descendre de lui-même sur l'âme qui n'a pas encore été transformée quelque splendide rayon de sa Sagesse cachée, il produit dans l'entendement de profondes ténèbres.

D'autre part, il est clair que cette contemplation infuse est également au début pénible pour l'âme. Comme, en effet, cette contemplation divine infuse renferme une foule de biens d'une excellence extrême et que l'âme qui les reçoit, n'étant pas encore purifiée, est remplie d'une foule de misères très grandes, il s'ensuit que ces deux contraires ne peuvent pas subsister dans le même sujet qui est l'âme, et nécessairement l'âme doit peiner et souffrir, car elle est le champ de combat où ces deux contraires vont lutter l'un contre l'autre, dès lors que la contemplation va la purifier de ses imperfections. Nous allons le prouver par induction de la manière suivante.

Tout d'abord, comme la lumière ou sagesse de cette contemplation est très claire et très pure, mais que l'âme qui la reçoit est obscure et impure, il s'ensuit que l'âme souffre beaucoup à recevoir cette lumière. Il en est de même quand l'œil est malade, infirme ou impur; il souffre s'il se trouve ébloui par une lumière éclatante. Or, cette souffrance de l'âme qui provient de son impureté est immense quand elle est véritablement investie de cette divine lumière. Quand, en effet, cette pure lumière investit l'âme, c'est pour en chasser les impuretés; et alors l'âme se reconnaît si impure et si misérable qu'il lui semble que Dieu s'élève contre elle, et qu'elle-même s'élève contre lui. Comme elle s'imagine alors qu'elle est rejetée de Dieu, elle éprouve tant de peine et tant de chagrin qu'elle passe par l'une des épreuves les plus sensibles auxquelles Job ait été soumis. Il disait en effet : ***Quare posuiti me contrarium tibi et factus sum mihimetipsi gravis :*** « Pourquoi m'avez-vous mis en opposition avec vous et suis-je devenu un fardeau pour moi-même ? »[1]. L'âme en effet, bien que se trouvant alors dans les ténèbres, voit clairement son impureté à l'aide de cette limpide et pure lumière; elle reconnaît clairement qu'elle n'est digne ni de Dieu ni d'une créature quelconque. Ce qui l'afflige le plus, c'est la pensée qu'elle n'en sera jamais digne et que désormais il n'y a plus de bonheur pour elle. Car son intelligence est toute plongée dans la connaissance et le sentiment qu'elle a de ses malices et de ses misères. Ici elle les découvre toutes à la clarté de cette divine et obscure lumière; elle comprend avec évidence qu'elle ne saurait par elle-même avoir autre chose en partage. Tel est le sens que nous pouvons donner à cette parole de David : *Propter iniquitatem corripuisti hominem, et tabescere fecisti sicut araneam animam ejus* : « Vous avez corrigé l'homme à cause de son iniquité, et vous avez rendu son âme sèche et languissante comme l'araignée qui s'épuise à faire sa toile »[2].

Le second tourment de l'âme en cet état vient de la faiblesse de sa nature, morale et spirituelle. Comme cette divine contemplation investit l'âme avec quelque vigueur dans le but de la fortifier et de la dompter peu à peu, elle fait éprouver à sa faiblesse une peine si profonde qu'elle semble sur le point de défaillir surtout dans certaines circonstances où son action est plus énergique. Alors le sens et l'esprit sont pour ains, dire oppressés par un poids immense et invisible; ils souffrent et endurent une telle agonie qu'ils regarderaient la mort comme un soulagement et un bonheur. Le saint homme qui connaissait cet état par expéience a dit : *Nolo multa fortitudine contendat mecum, ne magnitudinis suae mole me premat* : « Je ne voudrais

1. *Job*, VII, 20.
2. *Ps.*, XXXVIII, 12.

pas que Dieu lutte contre moi avec beaucoup de force, dans la crainte qu'il ne m'accable du poids de sa grandeur[1]. » Cette oppression et ce poids se font sentir à l'âme de telle sorte qu'elle se croit bien éloignée d'être favorisée de Dieu; elle est persuadée d'ailleurs avec raison qu'elle n'a même plus ces appuis qu'elle avait autrefois, qu'ils ont disparu avec le reste, et que personne n'a pitié d'elle. C'est à ce sujet que Job a dit encore : *Miseremini mei; miseremini mei, saltem vos, amici mei, quia manus Domini tetigit me :* « Ayez pitié de moi, ayez pitié de moi, vous du moins qui êtes mes amis, parce que la main du Seigneur m'a frappé »[2].

Voilà une chose digne d'admiration et de compassion. La faiblesse et l'impureté de l'âme sont telles qu'elle sent la main du Seigneur très pesante et très opposée à sa nature, quand d'elle-même elle est pourtant si douce et si suave qu'il ne la laisse point s'appesantir ni poser sur elle; il ne fait que la toucher, et encore il agit par miséricorde, car son unique but est d'accorder à l'âme des faveurs et non de la châtier.

II

(Chapitre VI)

AUTRES SOUFFRANCES QUE L'ÂME ENDURE EN CETTE NUIT.

La troisième sorte de souffrances et de peines que l'âme endure en cette nuit a pour cause ces deux extrêmes, le divin et l'humain qui se réunissent ici. Le

1. *Job*, XXIII, 6.
2. *Job*, XIX, 21

divin c'est la contemplation purificatrice, et l'humain c'est l'âme qui est le sujet de cette contemplation. Le divin l'investit pour la perfectionner et la renouveler afin de la rendre divine; il la dépouille de toutes ses affections habituelles et propriétés du vieil homme auxquelles elle est très unie, très attachée et très assimilée. Il avilit et détruit si bien la substance spirituelle en l'absorbant dans de si profondes ténèbres que l'âme se sent anéantie et défaillante à la vue de ses misères et que l'esprit endure une mort cruelle. Il lui semble qu'elle est comme engloutie dans le ventre ténébreux d'une bête, où elle se sent digérée, et éprouve ces angoisses que Jonas endurait dans le ventre du monstre marin[1]. Il lui convient de passer par ce tombeau d'une mort obscure pour parvenir à la résurrection spirituelle qu'elle attend.

Ce genre de torture et de tourment dépasse en réalité tout ce qu'on peut imaginer. David le décrit en ces termes : *Circumdederunt me dolores mortis... dolores inferni circumdederunt me... in tribulatione mea invocavi Dominum, et ad Deum meum clamavi :* « Les douleurs de la mort m'ont environné... les douleurs de l'enfer m'ont assailli... Dans ma tribulation j'ai invoqué le Seigneur, et j'ai crié vers mon Dieu »[2]. Mais ce que cette âme angoissée ressent le plus, c'est qu'elle regarde comme évident que Dieu l'a rejetée, qu'il l'a en horreur, qu'il l'a reléguée dans les ténèbres; cette persuasion qu'elle est délaissée de Dieu est pour elle un tourment extrême et digne de compassion. C'est pour l'avoir éprouvé profondément que David a dit : *Sicut vulnerati dormientes in sepulchris quorum non es memor amplius; et ipsi de manu tua repulsi sunt; posuerunt me in lacu inferiori, in tenebrosis et in*

1. *Jon.*, II, 1.
2. *Ps.* XVII, 5, 7.

umbra mortis; super me confirmatus est furor tuus; et omnes fluctus tuos induxisti super me: « J'ai été comme les blessés qui dorment dans les tombeaux et dont on ne se souvient plus; après avoir été repoussé de votre main, j'ai été précipité dans les profondeurs de la fosse, au sein des ténèbres, à l'ombre de la mort. Votre fureur s'est appesantie sur moi, et vous avez fait passer sur moi tous les flots de votre courroux »[1]. Car, en vérité, quand l'âme est sous l'étreinte de cette contemplation purificatrice, elle sent d'une manière très vive l'ombre de la mort, les gémissements de la mort et les tourments de l'enfer; cet état consiste à se sentir privé de Dieu, châtié et rejeté par lui, l'objet de son indignation et de sa colère; l'âme éprouve alors tous ces tourments. Il y a plus, il lui semble avoir la redoutable appréhension que cet état sera éternel. Elle se croit en outre l'objet du même abandon et du même mépris de la part des créatures et surtout de la part de ses amis. C'est pour cela que David, continuant ses plaintes, a dit aussitôt : *Longe fecisti notos meos a me; posuerunt me abominationem sibi:* « Vous avez éloigné de moi mes amis, et ils m'ont pris en abomination »[2]. Jonas pouvait donner un bon témoignage de tous ces tourments puisqu'il les avait éprouvés corporellement et spirituellement dans le ventre du monstre marin. Aussi il a dit : *Projecisti me in profundum in corde maris, et flumen circumdedit me; omnes gurgites tui et fluctus tui super me transierunt. Et ego dixi : abjectus sum a conspectu oculorum tuorum; verumtamen rursus videbo templum sanctum tuum; circumdederunt me aquae usque ad animam; abyssus vallabit me, pelagus operuit caput meum. Ad extrema montium descendi; terrae vectes concluserunt me in*

1. *Ps*. LXXXVII, 6, 8.
2. *Ibid.*, 9.

aeternum: « Vous m'avez jeté au fond des eaux, au milieu de la mer; les eaux m'ont environné de toutes parts; toutes vos vagues et tous vos flots ont passé sur moi. Et moi j'ai dit : Je suis rejeté de devant vos yeux; néanmoins je verrai encore votre temple saint (ce qu'il dit, parce que Dieu purifie alors l'âme pour qu'elle le voie). Les eaux ont entouré jusqu'à mon âme, l'abîme m'a enveloppé; les flots de la mer ont recouvert ma tête; je suis descendu jusqu'aux fondements des montagnes; les verrous de la terre m'ont enfermé pour toujours [1]. » Par verrous on entend précisément ici les imperfections qui empêchent l'âme de jouir de cette contemplation pleine de délices.

La quatrième sorte de tourment est causée à l'âme par une autre excellence de cette obscure contemplation. C'est-à-dire sa majesté et sa grandeur même; l'âme commence à découvrir qu'il y a en elle un autre abîme, celui de sa pauvreté et de sa misère, et c'est là un des principaux tourments qu'elle endure dans cet état de purification. Elle sent en effet en elle-même un vide profond, une disette extrême de trois sortes de biens appropriés à ses goûts, et qui sont les biens temporels, naturels et spirituels; de plus, elle constate qu'elle est au sein de trois sortes de maux opposés, et qui sont les misères de ses imperfections, les sécheresses ou le vide de ses facultés, et le délaissement de son esprit envahi de ténèbres.

Dès lors en effet que Dieu purifie ici les facultés sensitives et spirituelles de l'âme, ainsi que ses puissances intérieures et extérieures, il convient qu'elle soit dans le vide, la disette et l'abandon sous tous ces rapports; aussi Dieu la laisse dans le vide, la disette et les ténèbres. Et en effet, la partie sensitive se purifie dans les sécheresses, les facultés dans le vide de leurs

1. *Jon.*, II, 4, 7.

appréhensions, et l'esprit dans les profondeurs des ténèbres. Tous ces effets, Dieu les produit par le moyen de cette contemplation obscure. L'âme alors souffre non seulement du vide et de la suspension de ces appuis naturels et de ces appréhensions, ce qui est pour elle un tourment plein d'angoisse, comme celui d'une personne qui est suspendue et retenue en l'air et ne peut respirer, mais elle souffre encore de ce que Dieu la purifie comme le feu qui enlève les scories et la rouille des métaux. Il anéantit, chasse, et consume en elle toutes les attaches ou habitudes imparfaites qu'elle a contractées dans le cours de sa vie. Or, comme ces défauts sont profondément enracinés dans la substance de l'âme, cette purification lui est d'ordinaire des plus pénibles; elle endure des défaillances et des tourments intérieurs qui se surajoutent à la disette ainsi qu'au dénûment naturel et spirituel dont nous avons parlé. De la sorte se vérifie cette parole d'Ezéchiel : *Congere ossa, quae igne succendam; consumentur carnes, et coquetur universa compositio, et ossa tabescent:* « Entassez les os, et je les brûlerai; les chairs seront consumées; tout cet amas sera cuit et les os seront desséchés. »[1] Cela nous donne à comprendre quel tourment l'âme endure dans le vide et la pauvreté de sa substance sensitive et spirituelle. Le même prophète dit encore à ce propos : *Pone quoque eam super prunas vacuam, ut incalescat et liquefiat aes ejus; et confletur in medio ejus inquinamentum ejus et consumatur rubigo ejus:* « Mettez aussi la chaudière vide sur les charbons, afin qu'elle s'échauffe, que l'airain se fonde, que ses souillures du dedans se détachent et que sa rouille se consume. »[2] Il signifie par là l'indicible tourment que l'âme endure quand elle est

1. *Ez.*, XXIV, 10.
2. *Ez.*, XXIV, 11.

purifiée par le feu de cette contemplation. Le prophète dit en effet que, pour se purifier et se dégager des scories et des affections qu'elle porte en elle-même, l'âme doit en quelque sorte s'annihiler et se détruire, tant elle s'est assimilée à ces passions et à ces imperfections. Aussi cette fournaise sert-elle à purifier l'âme comme l'or dans le creuset, comme l'a dit le Sage : *Tanquam aurum in fornace probavit illos* [1]. L'âme ressent cette grande destruction jusque dans sa substance même et elle atteint le comble de l'indigence; aussi semble-t-elle comme agonisante. C'est ce que l'on peut voir par ces paroles que David dit à ce propos de lui-même, en s'adressant à Dieu : *Salvum me fac, Deus, quoniam intraverunt aquae usque ad animam meam. Infixus sum in limo profundi, et non est substantia; veni in altitudinem maris, et tempestas demersit me; laboravi clamans, raucae factae sunt fauces meae, defecerunt oculi mei, dum spero in Deum meum :* « Sauvez-moi, ô mon Dieu, parce que les eaux ont pénétré jusqu'à mon âme. Je suis enfoncé dans une boue profonde, et il n'y a plus d'appui pour moi. Je suis descendu dans les profondeurs de la mer, et la tempête m'a submergé. Je me suis fatigué à crier, mon gosier en est devenu rauque; mes yeux se sont lassés à attendre mon Dieu. » [2] C'est un état où Dieu humilie profondément l'âme pour l'exalter beaucoup ensuite; mais s'il ne veillait lui-même à ce que ces sentiments qui se produisent ne fussent promptement tempérés, l'âme ne tarderait pas au bout de très peu de jours à se séparer de son corps. Aussi est-ce par intervalles qu'elle sent la profondeur de son indignité. Mais parfois son tourment est tel qu'il lui semble que l'enfer s'entr'ouvre devant elle et que sa perte est assurée.

1. *Sag.*, III, 6.
2. *Ps.* LXVIII, 2, 4.

Ce sont ces âmes qui en vérité descendent en enfer toutes vivantes, puisqu'elles se purifient alors comme si elles y étaient, car cette purification qu'elles subissent est celle qu'elles devaient y accomplir. Voilà pourquoi l'âme qui passe par cette épreuve, ou bien n'entre pas dans ce lieu d'expiation, ou s'y arrête très peu, car elle profite plus alors par une heure de ces souffrances ici-bas que par beaucoup d'autres dans ce lieu d'expiation.

III

(Chapitre VII)

SUITE DU MÊME SUJET :
AUTRES AFFLICTIONS
ET ANGOISSES DE LA VOLONTÉ.

Les afflictions et les angoisses que la volonté éprouve en cet état sont également indicibles; parfois même elles brisent l'âme par la subite représentation des maux qui l'affligent et l'incertitude d'y trouver un remède. A cela vient s'ajouter le souvenir des prospérités passées, car, d'ordinaire, les âmes dont nous parlons ont déjà, avant d'entrer dans cette nuit, reçu de Dieu de nombreuses consolations, et lui ont procuré beaucoup de gloire; et ce qui augmente leur chagrin, c'est de se voir privées de pareilles faveurs et dans l'impossibilité de les recouvrer. C'est là ce que Job, qui en avait fait l'expérience, a exprimé en ces termes : « *Ego ille quondam opulentus, repente contritus sum; tenuit cervicem meam, confregit me, et posuit me sibi quasi in signum. Circumdedit me lanceis suis, convulneravit lumbos meos, non pepercit et effudit in terra viscera mea. Concidit me vulnere super vulnus; irruit in me quasi gigas. Saccum consui super cutem meam, et operui cinere carnem meam. Facies mea intumuit a fletu, et palpebrae meae caligaverunt:* « Moi qui étais autrefois si opulent, me voici tout à coup réduit en poussière; il m'a saisi au col, il m'a foulé aux pieds; il a fait de moi comme un but à ses traits. Ses lances m'entourent de toutes parts; il a blessé mes reins; il ne m'a pas épargné et il a répandu mes entrailles sur la terre. Il m'a coupé en morceaux et a ajouté plaies sur plaies; il s'est précipité sur moi comme un géant. J'ai cousu un sac sur ma peau et j'ai couvert ma chair de cendre. Mon visage s'est gonflé à force de pleurer, et mes paupières se sont obscurcies[1]. »

Les tourments de cette nuit sont si nombreux et si terribles, sans parler d'une foule de textes de la Sainte Écriture que l'on pourrait alléguer à ce sujet, que je n'aurais ni le temps ni la force de les écrire; d'ailleurs tout ce que l'on pourrait dire serait évidemment bien au-dessous de la vérité; quant aux textes rapportés plus haut, ils pourront en donner une légère idée. Néanmoins, avant de terminer l'explication de ces vers et pour faire comprendre un peu mieux ce que l'âme éprouve en cette nuit, je rapporterai le sentiment de Jérémie. Sa souffrance est telle qu'il en répand des larmes abondantes et s'exprime en ces termes : *Ego vir videns paupertatem meam in virga indignationis ejus. Me minavit et adduxit in tenebras, et non in lucem. Tantum in me vertit et convertit manum suam tota die. Vetustam fecit pellem meam et carnem meam, contrivit ossa mea. Ædificavit in gyro meo, et circumdedit me felle et labore. In tenebrosis collocavit me, quasi mortuos sempiternos. Circumaedificavit adver-*

1. *Job*, XVI, 13, 17.

sum me ut non egrediar; aggravavit compedem meum. Sed et cum clamavero et rogavero, exclusit orationem meam. Conclusit vias meas lapidibus quadris, semitas meas subvertit. Ursus insidians factus est mihi, leo in absconditis. Semitas meas subvertit et confregit me; posuit me desolatum. Tetendit arcum suum, et posuit me quasi signum ad sagittam. Misit in renibus meis filias pharetrae suae. Factus sum in derisum omni populo meo, canticum eorum tota die. Replevit me amaritudinibus, inebriavit me absynthio, et fregit ad numerum dentes meos, cibavit me cinere. Et repulsa est a pace anima mea, oblitus sum bonorum, et dixi: Periit finis meus et spes mea a Domino. Recordare paupertatis et transgressionis meae, absynthii et fellis. Memoria memor ero, et tabescet in me anima mea: « Je connais ma pauvreté sous le coup des verges de l'indignation de Dieu. Il m'a conduit et m'a introduit dans les ténèbres, et non dans la lumière. Il ne cesse tout le jour de tourner et de retourner sa main contre moi. Il a fait vieillir ma peau et ma chair; il a brisé mes os. Il a bâti autour de moi une enceinte et m'a entouré de fiel et de labeur. Il m'a placé dans des lieux ténébreux comme ceux qui sont morts pour toujours. Il m'a entouré d'un rempart pour que je n'en sorte pas; il a aggravé le poids des entraves de mes pieds. Quand j'ai crié vers lui, quand je l'ai prié, il a rejeté ma prière. Il a barré mon chemin avec des pierres de taille et il a détruit mes sentiers. Il est devenu pour moi un ours aux aguets, un lion caché en embuscade. Il a bouleversé mes sentiers et m'a brisé. Il a tendu son arc et m'a fait comme un but à ses flèches. Il a lancé dans mes reins les flèches de son carquois. Je suis devenu un objet de dérision pour tout mon peuple et le sujet de ses chansons tout le jour. Il m'a rempli d'amertume; il m'a enivré d'absinthe; il a brisé mes dents une à une et il m'a nourri de cendres.

La paix a été bannie de mon âme; j'ai oublié tous les biens, et j'ai dit : La fin de mes maux ne peut venir, et mon espérance en Dieu s'est évanouie. Souvenez-vous pourtant de mon indigence, de mes révoltes, de l'absinthe et du fiel. Pour moi je m'en souviendrai, et mon âme se desséchera en moi »[1].

Telles sont les lamentations de Jérémie quand il veut nous peindre au vif les peines et les tourments que l'âme endure dans cette purification ou nuit spirituelle. Aussi convient-il d'avoir une grande compassion pour l'âme que Dieu introduit dans cette nuit de tempête et d'horreur. Sans doute ce sera une grande fortune pour elle de posséder les biens incomparables qui doivent lui venir de cet état; et ce sera à l'époque où d'après Job, Dieu découvrira les trésors qui étaient cachés dans les profondes ténèbres de l'âme et mettra au grand jour ce qui est encore à l'ombre de la mort[2] car, dit David, telles furent ses ténèbres, telle sera sa lumière[3]. Néanmoins, elle endure un tourment immense et elle est dans la plus grande incertitude de sa guérison; voilà pourquoi le prophète dit ici qu'elle s'imagine que son mal n'aura pas de fin; il lui semble, nous affirme encore David, que Dieu l'a placée dans les ténèbres, comme les morts d'ici-bas; voilà pourquoi son esprit est dans les angoisses et son cœur est dans le trouble[4]. Aussi est-il juste d'avoir la plus vive compassion de ses maux et de la prendre en pitié, car outre ces souffrances qui lui viennent de la solitude et du délaissement où elle se trouve dans cette nuit obscure, elle a encore celle de ne trouver ni consolation dans les bons livres,

1. *Lament.*, III, 1, 20.
2. *Job*, XII, 22.
3. *Ps.*, CXXXVIII, 12.
4. *Ps.*, CXLII, 3, 4.

ni appui près des maîtres spirituels. On a beau lui exposer tous les motifs de consolation qui lui viendront des biens renfermés dans ces peines, elle ne peut y ajouter foi. Elle est totalement enivrée et imprégnée du sentiment des maux où elle voit clairement ses misères; aussi elle s'imagine que ses directeurs s'expriment de la sorte parce qu'ils ne voient pas comme elle tout ce qu'elle ressent et ne la comprennent pas. Voilà pourquoi elle en éprouve un nouveau chagrin; elle s'imagine que ce n'est pas là le remède à son mal, et c'est la vérité. Car tant que le Seigneur n'a pas achevé de la purifier comme il le veut, tous les moyens et tous les remèdes seront inutiles et sans effet pour la guérir de son mal. Cela est d'autant plus vrai qu'elle est alors aussi impuissante que le prisonnier qui gît pieds et poings liés au fond d'un cachot; elle ne peut se mouvoir; elle ne voit rien, elle ne reçoit aucune faveur ni d'en haut ni d'en bas. Elle doit attendre que son esprit soit soumis, humilié, purifié, et devienne si subtil, si simple, si pur qu'il puisse ne faire plus qu'un avec l'esprit de Dieu, d'après le degré d'union d'amour que Dieu dans sa miséricorde veut lui accorder; c'est en vue de ce degré que la purification est plus ou moins forte et dure plus ou moins longtemps. Mais si elle doit être quelque chose de sérieux, quelque forte qu'elle soit, elle durera quelques années. Néanmoins, il y a des intervalles et des consolations où, par une dispensation spéciale de Dieu, cette contemplation obscure cesse de porter la forme purgative pour revêtir la forme illuminative et pleine d'amour. L'âme alors semble sortir de tous ces cachots et de toutes ces prisons; la voilà au large et en liberté; elle éprouve et elle goûte la profonde suavité de la paix ainsi qu'une amabilité et une familiarité pleine d'amour avec Dieu; c'est avec facilité et abondance qu'elle reçoit les communications spirituelles. C'est là pour l'âme l'indice du salut que la purification dont nous parlons a opéré en elle; c'est là le présage de l'abondance des biens qu'elle attend. Son bonheur est même parfois si profond qu'il lui semble que ses épreuves sont déjà terminées. Telle est en effet la nature des choses spirituelles, surtout lorsqu'il s'agit des plus élevées : c'est d'être sujettes à des alternatives. En effet, quand les épreuves reviennent, il semble à l'âme qu'elle n'en sortira jamais plus et qu'elle a perdu tous ses biens, comme nous l'avons vu par les textes dont nous avons parlé; quand, au contraire, les biens spirituels lui sont donnés, il lui semble que tous ses maux sont finis et qu'elle ne perdra plus ses biens, comme le confesse David à l'heure où il en est comblé: *Ego autem dixi in abundantia mea, non movebor in aeternum:* « Pour moi, j'ai dit, quand j'étais dans l'abondance : Rien ne pourra m'ébranler »[1]. Il en est ainsi parce que deux contraires ne peuvent pas être en même temps dans le même esprit; l'un chasse naturellement l'autre, et le sentiment de l'un exclut celui de l'autre; il n'en est pas de même dans la partie sensitive de l'âme parce que sa faculté de compréhension est faible. Mais tant que l'esprit n'est pas encore très bien purifié et dégagé de toutes les attaches contractées par sa partie inférieure, il pourra bien ne pas s'ébranler en tant qu'esprit, mais, dès lors qu'il est attaché à la partie inférieure, il pourra tomber dans le chagrin; c'est ce que nous constatons dans David, qui fut lui-même ébranlé ensuite; il éprouva beaucoup de maux et de chagrins. Au temps de l'abondance il lui semblait qu'il ne serait jamais ébranlé et il le disait. Ainsi en est-il de l'âme. Comme elle se voit alors en possession d'une abondance de biens spirituels, et qu'elle n'arrive pas à voir la racine

1. *Ps.*, XXIX, 7.

d'imperfections et d'impuretés qui lui restent encore, elle s'imagine que ses épreuves ont atteint leur terme. Pourtant cette pensée lui vient rarement, car, tant que l'âme n'a pas achevé sa purification spirituelle, les délices qu'elle éprouve ne sont pas d'ordinaire assez abondantes pour lui voiler la racine des maux qui lui restent; elle ne manque pas de sentir alors au plus intime d'elle-même un je ne sais quoi qui lui manque et qui lui reste à faire, et qui ne la laisse pas jouir complètement de ces faveurs; elle sent là au-dedans d'elle-même comme un ennemi qui serait assoupi ou endormi; elle craint qu'il ne vienne à se réveiller et à faire des siennes. Il en est vraiment ainsi. Quand l'âme se croit le plus en sûreté et se tient le moins sur ses gardes, cet ennemi la fait tomber dans un état pire que le premier, plus dur, plus ténébreux, plus lamentable, et dont la durée sera longue et peut-être plus longue que le précédent. Et alors elle en vient de nouveau à croire que tous les biens sont à jamais perdus pour elle. Il ne lui suffit plus de l'expérience qu'elle a faite d'un bonheur dont elle a joui, une fois passée l'épreuve précédente, alors qu'elle pensait qu'elle n'aurait plus à souffrir. Elle s'imagine que dans ce nouvel état d'angoisses tout est fini pour elle, et qu'elle ne retrouvera plus le bonheur perdu. Aussi, je le répète, cette persuasion est tellement profonde par suite de la conviction actuelle de l'esprit, qu'elle détruit toute pensée qui lui est opposée. Tel est le motif pour lequel ceux qui sont détenus en purgatoire ont de si grands doutes sur leur sortie du purgatoire ou la fin de leurs épreuves. Sans doute elles ont à l'état d'habitude les trois vertus théologales de foi, d'espérance et de charité; mais actuellement elles ont le sentiment de leurs peines et de la privation de Dieu; et elles ne peuvent pour le moment jouir du bien et de la consolation de ces vertus. Elles voient évidemment qu'elles aiment Dieu, mais cette pensée ne les console pas, parce qu'il ne leur semble pas que Dieu les aime, ni qu'elles soient dignes de son amour. Au contraire, comme elles se voient privées de lui et plongées dans leurs misères, il leur semble qu'elles ont en elles-mêmes de quoi être exécrées et que Dieu a grandement raison de les rejeter à jamais.

Ainsi donc l'âme qui est dans cette purification voit qu'elle aime Dieu; elle donnerait même mille fois la vie pour sa gloire; cette disposition est très réelle, car elle aime véritablement Dieu au milieu de cette épreuve, et cependant, loin d'en retirer le moindre soulagement, elle ne fait qu'augmenter son chagrin. Elle a tant d'amour pour Dieu, comme c'est d'ailleurs son unique souci, et elle se voit si misérable qu'elle ne peut s'imaginer l'amour que Dieu lui porte, ni qu'il ait ou puisse jamais avoir des motifs de l'aimer. Elle ne découvre en elle que des motifs d'être à jamais un objet d'horreur pour lui et pour toutes les créatures. Son tourment consiste à voir en elle les raisons pour lesquelles elle mérite d'être rejetée de celui qu'elle aime tant et après lequel elle soupire de tous ses vœux.

IV

(Chapitre VIII)

autres peines de l'âme en cet état.

Il y a encore ici une autre chose qui afflige l'âme et la jette dans une désolation profonde. Dès lors que ses puissances et ses affections sont liées dans cette nuit obscure, elle ne peut plus comme précédemment élever son cœur et son esprit vers Dieu; il lui est impossible de le prier; il lui semble, comme à Jérémie, que Dieu a interposé un nuage devant elle pour que sa prière ne passe pas jusqu'à lui [1]. Cette parole explique le texte déjà rapporté : « Il a barré et fermé mes voies avec des pierres de taille [2] ». Si l'âme se livre quelquefois à l'oraison, sa prière est faite avec tant de sécheresse et si peu de dévotion, qu'il lui semble que Dieu ne l'écoute pas et n'en tient aucun compte, comme le même prophète le donne encore à entendre par ces paroles : *Sed et cum clamavero et rogavero, exclusit orationem meam:* « J'ai beau crier vers lui et le prier, il a rejeté ma prière [3] ». A la vérité ce n'est pas l'heure de parler à Dieu, mais de mettre sa bouche dans la poussière, comme dit Jérémie' d'attendre pour voir s'il ne viendra pas par hasard quelque motif d'espérance [4], et de souffrir avec patience l'épreuve de cette purification. C'est Dieu qui est là et qui fait son œuvre dans l'âme; voilà pourquoi l'âme n'y peut rien. Aussi est-elle incapable de prier ou d'assister avec beaucoup d'attention aux offices divins; il lui est encore moins possible de s'occuper de choses ou d'affaires temporelles. De plus, elle est parfois tellement absorbée, sa mémoire lui fait tellement défaut, qu'il s'écoule de longs moments sans qu'elle sache ce qu'elle a fait ou pensé, ni ce qu'elle fait ou va faire; et malgré ses efforts elle ne peut se fixer à rien de ce qui l'occupe.

Quand l'âme est dans cet état, ce n'est pas seulement l'entendement qui est purifié de ses propres lumières, ou la volonté qui se dégage de ses attaches,

1. *Lament.*, III, 44.
2. *Ibid.*, 9.
3. *Lament.*, III, 8.
4. *Ibid.*, 29.

c'est encore la mémoire qui doit se dépouiller de tous ses discours et de toutes ses connaissances; il convient qu'elle soit comme anéantie à leur égard, afin de réaliser dans cette purification ce que David dit de lui-même : « J'ai été réduit à néant sans le savoir »[1]. Cette ignorance signifie les défaillances et les oublis de la mémoire qui proviennent du recueillement intérieur où l'âme est plongée dans cette contemplation. En effet, pour que l'âme soit disposée et bien préparée aux choses divines avec toutes ses puissances et arrive à l'union d'amour de Dieu, il faut tout d'abord qu'elle soit absorbée avec toutes ses puissances par cette céleste et obscure lumière de la contemplation: il faut ensuite qu'elle soit dégagée de toutes ses affections et de toutes ses connaissances des créatures. Ce travail dure plus ou moins et correspond au degré d'intensité de la contemplation. Voilà pourquoi plus cette divine lumière qui investit l'âme est simple et pure, plus elle la plonge dans les ténèbres, la dépouille de ses affections particulières et la prive de ses connaissances naturelles et surnaturelles. De même, moins cette lumière est simple et pure, moins elle obscurcit l'âme et moins elle produit en elle de dépouillement. Il semble incroyable que la lumière surnaturelle et divine produise d'autant plus de ténèbres dans l'âme qu'elle est plus claire et plus pure, ou qu'elle en produise d'autant moins qu'elle est moins obscure. Cela se comprend si nous nous rappelons la maxime du Philosophe que nous avons déjà prouvée et d'après laquelle les choses surnaturelles sont d'autant plus obscures pour notre entendement, qu'elles sont en elles-mêmes plus claires et plus évidentes.

Pour en donner une intelligence plus claire, nous

1. *Ps.* LXXII, 22.

allons prendre pour point de comparaison la lumière naturelle et commune. Voici un rayon de soleil qui entre par la fenêtre. Plus il est pur et dégagé d'atomes, moins il est visible; plus au contraire il y a d'atomes et de poussière dans l'air, plus il semble perceptible à l'œil. Le motif de ce phénomène c'est que ce n'est pas la lumière que l'on voit en elle-même, elle n'est que le moyen par lequel nous voyons tout ce qu'elle éclaire, et nous ne la voyons que par la réverbération qu'elle produit autour d'elle, sans cela on ne la verrait pas. Voilà pourquoi si le rayon de soleil entrait par la fenêtre d'un appartement et passait par la fenêtre opposée, en traversant le milieu de l'appartement sans rencontrer un objet, ni l'air, ni un atome où il pût se refléter, il n'y aurait pas plus de lumière qu'auparavant dans l'appartement, et on ne verrait pas le rayon. Au contraire, si on y regarde bien, il y a plus d'obscurité là où est le rayon de soleil, parce qu'il enlève quelque chose de l'autre lumière et que lui, comme nous l'avons dit, ne se voit pas en lui-même, dès lors qu'il n'y a pas d'objets visibles sur lesquels il puisse se refléter. Voilà ni plus ni moins ce que produit ce divin rayon de la contemplation dans l'âme. En investissant l'âme de sa lumière, il dépasse les forces naturelles, il la met dans les ténèbres; il la prive de toutes les connaissances et affections naturelles qui lui étaient venues par l'intermédiaire de la lumière naturelle; et de la sorte non seulement il la met dans les ténèbres, mais il dépouille encore ses puissances comme ses tendances spirituelles et naturelles. C'est en la laissant ainsi dans le dépouillement et les ténèbres qu'il la purifie et l'éclaire de sa divine lumière; l'âme ne s'en doute pas; elle se croit toujours dans les ténèbres. C'est ce que nous avons dit du rayon de soleil qui, tout en se trouvant au milieu de l'appartement, reste invisible pour nous, s'il est pur et ne rencontre pas quelque objet qui le reflète. Mais quand cette lumière spirituelle qui investit l'âme rencontre quelque objet qui la reflète, c'est-à-dire un point de perfection spirituelle qu'il s'agit de comprendre, si petit qu'il soit, ou un jugement vrai ou faux qu'il faut porter, aussitôt elle le voit et le comprend beaucoup plus clairement qu'avant d'avoir été plongée dans ces ténèbres. De même la lumière spirituelle qu'elle possède l'aide à connaître avec facilité l'imperfection qui se présente. C'est comme le rayon dont nous avons parlé; on ne s'aperçoit pas qu'il traverse la chambre; mais bien qu'il ne se voie pas lui-même, si on avance la main ou si on présente un objet quelconque, aussitôt on voit la main ou l'objet et on reconnaît qu'il y a là la lumière du soleil. Cette lumière spirituelle est très simple et très pure; elle porte un caractère général d'après lequel elle n'est affectée ni restreinte à aucun objet intelligible particulier, soit naturel soit divin, car elle tient les puissances de l'âme dépouillées et vides de toutes ces connaissances; voilà pourquoi elle connaît et approfondit d'une façon très générale et très facile tout objet naturel ou surnaturel. C'est là ce que l'Apôtre a dit : *Spiritus enim omnia scrutatur, etiam profunda Dei:* « L'homme spirituel pénètre tout même les profondeurs divines »[1]. C'est en effet de cette sagesse générale et simple que le Saint-Esprit a dit par l'organe du Sage : *Attingit autem ubique propter suam munditiam:* « Elle pénètre partout à cause de sa pureté »[2], c'est-à-dire qu'elle ne s'arrête à aucune chose intelligible en particulier, ni à aucune affection. Telle est la propriété de l'esprit une fois qu'il est purifié de toutes ses affections et connaissances particulières. C'est parce qu'il ne goûte

1. *I Cor.*, II, 10.
2. *Sag.*, XVI, 24.

rien et ne comprend rien en particulier, ou demeure dans le dénûment, l'obscurité et les ténèbres, qu'il est très bien disposé à tout pénétrer; de la sorte se vérifie mystiquement en lui ce mot de saint Paul : *Nihil habentes et omnia possidentes:* « Nous n'avons rien, et nous possédons tout »[1]. Telle est la béatitude qui est réservée à une telle pauvreté d'esprit.

V

(CHAPITRE IX)

MANIÈRE DONT CETTE NUIT, TOUT EN PRODUISANT LES TÉNÈBRES DANS L'ESPRIT, EST DESTINÉE À L'ÉCLAIRER ET À LUI DONNER LA LUMIÈRE.

Il nous reste donc maintenant à montrer comment cette bienheureuse nuit de la contemplation ne produit les ténèbres dans l'esprit que pour l'éclairer sur toutes choses; si elle l'humilie et le rend dépourvu de tout, ce n'est que pour l'élever et l'exalter; si elle l'appauvrit et le dépouille de toute possession et de toute attache naturelle, ce n'est que pour qu'il soit divinement préparé à la jouissance et au goût de toutes les choses naturelles et surnaturelles; il possède alors une liberté d'esprit qui s'étend généralement à tout. Voyez les éléments. Pour qu'ils entrent en communication avec tous les composés et tous les êtres de la nature, ils ne doivent avoir ni couleur, ni odeur, ni saveur en particulier, afin de pouvoir s'adapter à toutes les sa-

1. *II Cor.*, VI, 10.

veurs, odeurs et couleurs. Ainsi doit-il en être de l'esprit ; il faut qu'il soit simple, pur, dépouillé de toutes les affections naturelles, qu'elles soient actuelles ou habituelles, afin de pouvoir communiquer librement avec la plénitude de la divine Sagesse où il goûte par sa pureté toutes les saveurs des choses dans un certain degré de perfection. Sans cette purification il ne pourrait nullement sentir ni goûter la saveur de cette abondance de délices spirituelles. Une seule affection, un seul objet particulier auquel il serait attaché d'une manière actuelle ou habituelle suffit pour l'empêcher de sentir, de goûter ou de percevoir les délices et l'intime saveur de l'esprit d'amour, qui contient éminemment en soi toutes les saveurs.

Voyez les enfants d'Israël. Ils n'avaient conservé qu'une seule attache; c'était le souvenir des viandes et des aliments qu'ils avaient aimés en Égypte [1]. Aussi ne pouvaient-ils apprécier au désert le pain délicat des Anges, la Manne qui, au dire de la sainte Écriture, avait la suavité de tous les goûts et s'adaptait au goût de chacun [2]. Ainsi en est-il de l'esprit. Il ne peut arriver à jouir des délices de l'esprit de liberté, comme la volonté le voudrait, s'il a encore quelque attache actuelle ou habituelle, ou s'il s'arrête à quelque connaissance particulière et limitée. La raison en est que les affections, les sentiments et les perceptions de l'esprit parfait, étant quelque chose de divin, sont d'une autre sorte que l'esprit naturel, et d'un genre si différent par leur éminence que pour posséder ceux-ci, d'une manière actuelle ou habituelle, il faut anéantir les autres, car deux contraires ne peuvent pas subsister en même temps dans le même sujet. Aussi est-il convenable et nécessaire

1. *Ex.*, XVI, 3.
2. *Sag.*, XVI, 21.

que cette nuit obscure de la contemplation détruise d'abord et fasse disparaître de l'âme qui doit parvenir à ces grandeurs toutes les imperfections, pour la placer ensuite dans les ténèbres, les sécheresses, l'isolement et le vide, car la lumière que l'âme doit recevoir est une très haute lumière divine qui surpasse toute lumière naturelle et qui évidemment est incompréhensible à notre entendement. Voilà pourquoi l'entendement, qui va s'unir à elle et devenir divin dans cet état de perfection, doit tout d'abord avoir sa lumière naturelle purifiée et réduite à néant : c'est alors qu'il entrera dans les ténèbres par le moyen de la contemplation obscure. Il convient qu'il reste dans ces ténèbres tout le temps qui sera nécessaire pour chasser et réduire à néant l'habitude qu'il a contractée depuis longtemps de comprendre à sa manière afin de lui substituer la révélation et la lumière de Dieu. Aussi, dès lors que cette faculté de comprendre qu'il avait précédemment était une faculté naturelle, les ténèbres dont il souffre ici sont profondes, horribles et très douloureuses; elles se sentent dans les profondeurs de la substance de l'esprit et elles semblent des ténèbres substantielles. L'amour qui lui sera donné dans l'union divine est divin; il est par conséquent très spirituel, très subtil, très délicat et très intérieur; il dépasse toutes les affections et tous les sentiments naturels et imparfaits de la volonté, comme toutes ses tendances; voilà pourquoi, si la volonté doit arriver à sentir et à goûter par l'union d'amour cette dilection divine et ces délices si élevées qui ne sont pas naturellement en son pouvoir, il convient qu'elle soit tout d'abord purifiée et complètement dépouillée de toutes ses affections ou attaches; il faut qu'elle reste dans les sécheresses et les angoisses tout le temps qu'il sera nécessaire pour que ses affections naturelles à l'égard des choses divines et humaines disparaissent.

Une fois que l'âme est purifiée, dépouillée et délivrée par le feu de la contemplation obscure de tous les genres de démons (comme le fut le cœur du poisson de Tobie sur des brasiers ardents), elle a une disposition pure et simple, son palais est purifié et sain pour goûter les touches élevées et sublimes de l'amour divin dans lequel elle se verra divinement transformée; car tous les obstacles actuels et habituels qui étaient en elle et dont nous avons parlé auront disparu.

Que faut-il encore à l'âme pour être apte à cette divine union d'amour à laquelle elle est préparée par cette nuit obscure ? Elle doit être remplie et ornée d'une certaine magnificence pleine de gloire pour entrer en relation avec Dieu, car il renferme en lui des biens innombrables et des délices en si grande abondance que l'âme est naturellement incapable de posséder, tant elle est par elle-même faible et impure. Isaïe, en effet, a dit : *Oculus non vidit, nec auris audivit, nec in cor hominis ascendit quae praeparavit Deus iis qui diligunt illum* : « L'œil de l'homme n'a point vu, son oreille n'a point entendu, et son cœur n'a point goûté ce que Dieu réserve à ceux qui l'aiment »[1]. Il faut donc tout d'abord que l'âme soit dans le dépouillement absolu et la pauvreté d'esprit, purifiée de toute attache, de toute consolation et de toute perception naturelle des choses divines et humaines. Une fois qu'elle est ainsi dénuée de tout, elle est vraiment pauvre d'esprit et dépouillée du vieil homme; elle peut vivre de cette nouvelle et bienheureuse vie que lui a procuré la nuit obscure; c'est alors l'état de l'union à Dieu.

De plus, l'âme doit arriver à un sentiment et à une connaissance divine très étendus et très savoureux de toutes les choses divines et humaines; ce ne sera donc

1. *Is.*, LIV, 4.

pas un sentiment vulgaire, ni une connaissance naturelle, car autant la lumière et la grâce de l'Esprit-Saint sont élevées au-dessus des sens et le divin au-dessus de l'humain, autant son mode de considérer est supérieur à ce qu'il était précédemment. Voilà pourquoi l'esprit doit se purifier et se dégager des moyens naturels et vulgaires de comprendre. Il faut le mettre par le moyen de cette contemplation purificatrice dans des angoisses et des amertumes profondes. Quant à la mémoire, elle sera séparée de tout ce qui était pour elle un sujet d'agrément et de repos; aussi aura-t-elle un sentiment très intérieur et une disposition qui la rendront étrangère à tout et l'éloigneront de tout; et alors il lui semblera que tout ici-bas est complètement différent de ce qu'elle pensait précédemment. Voilà comment cette nuit détache peu à peu l'esprit de sa manière commune et vulgaire de connaître les choses, pour lui substituer des sentiments tout divins; il est alors tellement élevé au-dessus de la manière humaine d'agir qu'il semble comme transporté hors de lui-même. D'autres fois il se demande s'il ne subit pas l'effet d'un charme ou d'un enchantement. Il est tout ravi des merveilles qu'il voit ou dont on lui parle. Il lui semble qu'elles sont nouvelles et étrangères, bien que ce soient les mêmes que celles dont il s'occupait autrefois. La cause en est que l'âme s'éloigne et s'écarte peu à peu de la manière commune de sentir les choses et de les connaître; cette manière a été réduite à néant et est devenue toute divine; aussi appartient-elle plus à la vie future qu'à la vie présente.

Telles sont les afflictions et purifications de l'esprit que l'âme endure afin d'être engendrée à la vie nouvelle de l'esprit par le moyen de cette divine influence; c'est dans ces douleurs qu'elle enfante l'esprit de salut, selon la sentence d'Isaïe : *Sic facti sumus a facie tua, Domine. Concepimus, et quasi parturivimus, et pepe-*

rimus spiritum: « Nous étions ainsi devant votre face, ô Seigneur; nous avons conçu et nous avons été comme en travail, et nous avons enfanté l'esprit de salut »[1].

Outre cela, c'est par le moyen de cette nuit de la contemplation que l'âme se prépare à la tranquillité et à la paix intérieure, qui est si profonde et si pleine de délices, que, d'après la sainte Écriture, elle surpasse tout sentiment; il faut donc que l'âme sacrifie complètement sa première paix, qui était enveloppée d'imperfections et n'était pas une paix véritable; l'âme la croyait ainsi, parce qu'elle la trouvait à son goût, qu'elle l'avait établie dans ses sens et dans son esprit; mais, je le répète, cette paix était imparfaite. Il faut donc que l'âme en soit purifiée, écartée et séparée; c'est là ce qu'éprouvait et exprimait en gémissant Jérémie dans ce texte de lui que nous avons rapporté pour expliquer les épreuves de cette nuit : « Mon âme a été éloignée et repoussée de la paix »[2]. C'est là une purification très douloureuse pour l'âme à cause des craintes, des imaginations et des combats qu'elle éprouve en elle-même. La vue et le sentiment de sa propre misère lui font appréhender qu'elle ne soit perdue et que son bonheur ne soit fini à jamais. De là vient qu'elle se laisse aller à une telle douleur et à des gémissements si profonds qu'elle éclate en rugissements et hurlements spirituels qui se manifestent parfois du bout des lèvres et se traduisent par des larmes, quand elle en a la force, bien que ce soulagement soit très rare. David, qui connaissait par expérience cette épreuve, l'a très bien exprimée dans le psaume, quand il a dit : *Afflictus sum et humiliatus sum nimis; rugiebam a gemitu*

1. *Is.*, XXVI, 17, 18.
2. *Lament.*, III, 17.

cordis mei : « J'ai été affligé et profondément humilié; les gémissements de mon cœur me faisaient pousser des rugissements »[1]. Ces rugissements sont l'expression d'une douleur profonde; parfois même, au souvenir subit et pénétrant de ses misères, l'âme sent ses affections tellement sous le pressoir de la douleur et du chagrin que je ne sais comment le faire comprendre. On ne saurait mieux l'exprimer qu'en empruntant ces paroles du saint homme Job qui le savait par expérience : « Mes rugissements sont semblables au bruit des eaux qui tombent en torrents »[2]. De même que parfois les eaux qui débordent ravagent et recouvrent toutes les campagnes, de même ce rugissement ou cette douleur de l'âme arrive parfois à un tel excès, que l'âme en est inondée et pénétrée tout entière. Toutes ses affections et ses forces les plus intimes sont en proie à de telles angoisses ou douleurs spirituelles qu'on ne saurait en donner une idée. Telle est l'œuvre qu'opère en elle cette nuit qui lui cache l'espérance de revoir la lumière du jour. C'est encore à ce sujet que le prophète Job a dit : *Nocte os meum perforatur doloribus; et qui me comedunt, non dormiunt :* « Les douleurs ont transpercé ma bouche pendant la nuit; mais ceux qui me dévorent ne dorment point »[3]. La bouche signifie ici la volonté transpercée par ces douleurs qui ne cessent de déchirer l'âme, parce que les doutes et les craintes qui la torturent n'ont ni trêve ni repos.

Ces luttes et ces combats sont terribles, parce que la paix que l'on attend doit être très profonde; et si la douleur spirituelle est également intime, pénétrante, pure, c'est parce que l'amour que l'on doit acquérir

1. *Ps.*, XXXVII, 9.
2. *Job*, III, 24.
3. *Job*, XXX, 17.

doit être très élevé et très pur. Plus l'œuvre doit être parfaite et brillante, plus aussi son travail doit être fini et soigné; un édifice est d'autant plus solide qu'il repose sur de meilleurs fondements. Aussi Job a-t-il dit : « Mon âme est toute languissante en elle-même, elle est toute bouillante sans aucune espérance »[1]. La cause en est que l'âme est appelée à posséder dans l'état de perfection où l'achemine la voie de cette nuit purificatrice les biens innombrables des dons et des vertus; elle est appelée aussi à donner la jouissance à sa substance et à ses puissances. Il faut donc tout d'abord que d'une manière générale elle se voie et se sente éloignée, privée, dénuée de tous ces biens et étrangère à ces biens. Elle doit se regarder comme en étant si éloignée qu'elle n'y parviendra jamais et que tout bonheur est fini pour elle. C'est encore là ce que Jérémie nous fait comprendre quand il dit : « J'ai perdu le souvenir du bonheur »[2].

Examinons maintenant une difficulté. Cette lumière de contemplation est très suave et très douce; l'âme ne saurait rien désirer de plus délectable. Comme nous l'avons dit, c'est avec elle que l'âme doit s'unir, c'est en elle qu'elle doit trouver tous les biens dans l'état de perfection qu'elle recherche. Or quand cette lumière investit l'âme, pourquoi commence-t-elle par produire en elle ces effets si pénibles et si étranges dont nous venons de parler ? Il est facile de répondre à cette difficulté, en répétant ce que nous avons déjà expliqué en partie. La cause ne vient pas de ce que la contemplation ou l'infusion divine produise par elle-même de la peine; elle apporte, au contraire, une abondance de suavité et de délices dont l'âme ne tardera pas à jouir. La cause de ces souffrances vient de la faiblesse

---

1. *Job*, XXX, 16.
2. *Lament.*, III, 17.

et de l'imperfection où l'âme se trouve alors, ainsi que de ses dispositions qui sont opposées à la réception de telles faveurs. Voilà pourquoi, lorsque l'âme reçoit cette divine lumière, elle doit éprouver les souffrances dont nous avons parlé.

VI

(Chapitre X)

ON EXPLIQUE COMPLÈTEMENT PAR UNE COMPARAISON CETTE PURIFICATION DE L'ÂME.

Pour donner plus de clarté à ce que nous avons dit et à la doctrine qui va suivre, il faut remarquer ici que la connaissance purificatrice et amoureuse, ou lumière divine dont nous parlons, purifie l'âme et la dispose à se l'unir parfaitement, comme le feu agit sur le bois pour le transformer en soi. Le feu matériel, appliqué au bois, commence tout d'abord par le dessécher; il en expulse l'humidité et lui fait pleurer toute sa sève. Aussitôt il commence par le rendre peu à peu noir, obscur, vilain; il lui fait répandre même une mauvaise odeur; il le dessèche insensiblement; il en tire et manifeste tous les éléments grossiers et cachés qui sont opposés à l'action du feu. Finalement quand il commence à l'enflammer à l'extérieur et à l'échauffer, il le transforme en lui-même et le rend aussi brillant que le feu. En cet état le bois n'a plus l'action ni les propriétés du bois; il n'en conserve que la quantité et la pesanteur qui est plus grande que celle du feu; car il a déjà en lui les propriétés et les forces actives du feu.

Il est sec, et il dessèche; il est chaud, et il réchauffe; il est lumineux, et il répand sa clarté; il est beaucoup plus léger qu'avant; et c'est le feu qui lui a communiqué ces propriétés et ses effets.

Or nous devons raisonner de la même manière avec ce feu divin de l'amour de contemplation qui, avant de s'unir l'âme et de la transformer en soi, la purifie tout d'abord de tous ses éléments contraires. Il en fait sortir toutes ses souillures; il la rend noire, obscure; aussi apparaît-elle pire qu'avant, beaucoup plus laide et abominable que précédemment. Comme cette divine purification chasse toutes les humeurs mauvaises et vicieuses qui étaient très enracinées et établies dans l'âme, celle-ci ne les voyait pas; elle ne s'imaginait pas qu'il y eût tant de mal en elle, et maintenant qu'il s'agit de les chasser et de les détruire, on les lui met sous les yeux. Elle les voit très clairement à l'éclat de cette obscure lumière de divine contemplation; mais elle n'est pas pour cela pire en elle-même et devant Dieu. Néanmoins, comme elle voit alors en elle-même ce qu'elle n'y découvrait pas précédemment, il lui semble évident que non seulement elle est indigne du regard de Dieu, mais qu'elle mérite qu'il l'ait en horreur et que déjà elle est pour lui un objet d'horreur.

Cette comparaison du feu peut nous servir maintenant à comprendre beaucoup de ces points dont nous nous occupons ou dont nous parlerons.

Premièrement. Nous pouvons comprendre comment cette lumière et cette sagesse pleine d'amour qui doit s'unir à l'âme et la transformer est la même qui au début l'a purifiée et préparée, car c'est ainsi que le feu qui transforme en soi le bois en le pénétrant est le même qui au début l'a disposé à devenir feu.

Secondement. Nous verrons clairement que ces peines que l'âme éprouve ne lui viennent pas de la divine Sagesse; car le Sage a dit : « Tous les biens me sont venus avec elle »[1]. Elles proviennent, au contraire, de la faiblesse et des imperfections de l'âme qui, sans cette purification, est incapable de recevoir sa divine lumière, ou d'en goûter la suavité et les délices. Elle est comme le bois qui ne peut pas être transformé dès que le feu lui est appliqué, et qui doit y être préparé peu à peu; voilà pourquoi elle souffre tant. Nous avons à ce sujet le témoignage de l'Ecclésiastique, qui nous dit ce qu'il a lui-même souffert pour arriver à la sagesse et en jouir : *Venter meus conturbatus est quaerendo illam; propterea bonam possidebo possessionem:* « Toutes mes entrailles se sont troublées à la recherche de la sagesse; voilà pourquoi j'entrerai en possession d'un grand bien »[2].

Troisièmement. Nous pouvons, en passant, nous faire une idée de la manière dont souffrent les âmes du purgatoire. Le feu n'aurait pas d'action sur elles, alors même qu'on le leur appliquerait, si elles n'avaient pas de fautes à expier[3]; car leurs fautes sont l'aliment du feu; dès qu'elles sont consumées, la souffrance du feu cesse. Ainsi en est-il de l'âme ici : dès qu'elle est purifiée de ses imperfections, elle cesse de souffrir et il ne lui reste plus que la jouissance.

Quatrièmement. Nous comprendrons par là que si le bois s'enflamme plus ou moins vite, selon qu'il est plus ou moins bien préparé à recevoir le feu, l'âme, de son côté, s'embrase de plus en plus d'amour au fur et à mesure qu'elle se dépouille et se purifie par le moyen de ce feu d'amour. Sans doute, cet incendie

1. *Sag.*, VII, 11.
2. *Eccl.*, LI, 29.
3. Le ms. C porte la variante qui suit : « Le feu n'aurait pas de pouvoir sur elles si elles étaient complètement préparées à aller régner avec Dieu et à s'unir à lui dans la gloire, et si elles n'avaient pas de fautes à expier. » (Édition espagnole précédente.)

d'amour n'est pas toujours sensible; l'âme ne le ressent que par intervalles, lorsqu'elle est moins fortement investie par la contemplation. Car alors elle peut voir le travail qui s'opère en elle; elle peut même en jouir, parce qu'on le lui découvre. Il lui semble que la main qui l'éprouve s'arrête et que l'on a retiré le fer de la fournaise, pour qu'elle constate la transformation qui s'opère : c'est alors que l'âme peut voir en elle le bien qui lui était caché au temps de ses souffrances. C'est ainsi que dès le moment où la flamme a cessé de s'attaquer au bois on peut constater jusqu'à quel point elle l'avait investi.

Cinquièmement. Nous déduirons encore de cette comparaison ce que nous avons déjà dit, à savoir qu'il est bien vrai que l'âme après ces intervalles de soulagement doit s'attendre à de nouvelles souffrances plus intenses et plus intimes que jamais. Car lorsque ces progrès lui ont été manifestés, lorsqu'elle a été purifiée surtout de ses imperfections extérieures, le feu de l'amour revient pour la blesser encore; il la consume et il la purifie dans ce qu'elle a de plus intime. La souffrance de l'âme est alors d'autant plus intime, pénétrante et spirituelle, que la purification atteint des imperfections plus intimes, plus pénétrantes et plus spirituelles, ou plus enracinées au fond de son être. Cette purification agit sur l'âme comme le feu sur le bois; car plus le feu pénètre le bois, plus il a de force et d'activité pour le transformer jusqu'au plus intime et se l'approprier.

Sixièmement. Nous verrons également par là le motif pour lequel il semble à l'âme que tout bien est perdu pour elle et qu'elle est remplie de malice; car lorsqu'elle est dans cette purification, il ne lui vient que des amertumes. Il en est de même du bois qui brûle; l'air comme tout ce qui lui arrive ne fait qu'activer le feu qui le consume. Mais après qu'on aura donné à l'âme d'autres manifestations de soulagement comme les premières, sa joie sera plus intime, parce que la purification aura pénétré plus avant [1].

Septièmement. L'âme dans ces moments de répit éprouve une joie profonde, et telle, avons-nous dit, qu'il lui semble parfois que les tribulations ne reviendront plus. Néanmoins elle ne manque pas de sentir promptement quand ces épreuves doivent revenir, car elle remarque une mauvaise racine qui lui reste, qui parfois se révèle d'elle-même et qui ne lui permet pas de goûter une joie complète. Cette mauvaise racine en effet semble menacer l'âme pour l'investir de nouveau; or quand il en est ainsi, elle ne tarde pas à se montrer. En un mot, ce qui reste à purifier et à éclairer dans le plus intime de l'âme ne peut pas être voilé complètement au regard de la partie qui est déjà purifiée. Il en est de même du bois; il y a une différence très sensible entre la partie la plus intérieure qui n'est pas encore enflammée et la partie extérieure déjà embrasée. Aussi quand la purification recommence au plus intime de l'âme, on ne doit pas s'étonner de ce que l'âme s'imagine encore que tous les biens sont perdus pour elle, qu'elle ne les recouvrera plus. Plongée qu'elle est dans des souffrances plus intimes, tous les biens extérieurs lui sont cachés.

Après avoir mis cette comparaison sous les yeux du lecteur et lui avoir expliqué le premier vers de la première strophe, c'est-à-dire cette nuit obscure et ses terribles propriétés, il sera bon de laisser ce sujet pénible pour l'âme et de commencer de suite à traiter du fruit de ses larmes et de ses heureuses propriétés qu'elle commence à chanter dès ce second vers :

Étant pleine d'angoisse et enflammée d'amour.

---

1. Fragment restitué au texte (P. Gérard). De même le P. Silverio, page 451.

Deuxième vers

I

(Chapitre XI)

On commence l'explication du second vers de la première strophe. On montre comment le fruit de ces rigoureuses épreuves est un véhément amour de Dieu.

L'âme fait comprendre par ce vers le feu d'amour dont nous avons parlé et qui agit sur elle à la façon du feu matériel sur le bois; il s'allume dans l'âme à la faveur de cette nuit de contemplation douloureuse. Ce feu ressemble quelque peu à celui qui affecte la partie sensitive dont nous avons parlé. Mais il en diffère d'une certaine manière, autant que l'âme du corps ou que la partie spirituelle de la partie sensitive. Ce feu de l'amour s'enflamme dans l'esprit; c'est là que, oppressée d'angoisses ténébreuses, l'âme se sent blessée d'amour de Dieu d'une manière vive et aiguë; elle éprouve en même temps un certain sentiment, une certaine conjecture que Dieu est là, sans pourtant rien comprendre de particulier; car, ainsi que nous l'avons dit, l'entendement est dans les ténèbres. Elle sent que son esprit est profondément passionné d'amour; car cet embrasement spirituel produit la passion de l'amour. Dès lors que cet amour est infus, il est plus passif qu'actif; aussi engendre-t-il dans l'âme la forte passion de l'amour. Cet amour possède déjà quelque chose de l'union à Dieu, et par suite participe quelque peu à ses propriétés qui sont plus l'œuvre de Dieu que de l'âme, et qui s'adaptent passivement à elle ; quant à l'âme, elle ne fait que donner son consentement. Mais la chaleur, la force, le caractère, la passion d'amour — ou son embrasement, comme l'âme l'appelle dans ce vers, — procèdent uniquement de l'amour de Dieu qui attire de plus en plus l'âme pour se l'unir. Or cet amour trouve d'autant plus de capacité et de disposition dans l'âme pour se l'unir et la blesser, qu'elle a mieux mortifié, soumis, assujetti toutes ses convoitises pour les priver de toute jouissance du ciel et de la terre. C'est ce qui arrive d'une manière admirable dans cette purification pleine de ténèbres. Car Dieu a si bien sevré l'âme de tous ses goûts, et il les a si bien concentrés en lui, qu'ils ne peuvent plus se porter à ce qu'ils aimaient. Le but que Dieu poursuit en les séparant de tout et en les concentrant pour lui, c'est de rendre l'âme plus forte et plus apte à contracter avec lui cette forte union d'amour qu'il commence déjà à lui donner par le moyen de cette purification ; c'est alors que l'âme doit aimer de toutes ses forces et avec toutes ses affections spirituelles et sensitives ; et cela lui serait impossible si ses affections se répandaient sur divers objets. Voilà pourquoi David, voulant recevoir la force de l'amour de cette union, disait à Dieu : *Fortitudinem meam ad te custodiam :* « Je conserverai pour vous ma force »[1] ; c'est-à-dire toutes les aptitudes, convoitises et forces de mes puissances ; et je ne veux pas leur procurer une occupation ou une satisfaction en dehors de vous.

D'après cet exposé on peut se faire une légère idée de l'intensité et de la force de cet incendie d'amour dans l'esprit où Dieu concentre toutes les forces, toutes les puissances et toutes les tendances, tant spiri-

1. *Ps.* LVIII, 10.

tuelles que sensitives, de l'âme; il veut que dans une harmonie parfaite elles emploient leurs forces et leurs vertus à cet amour, et qu'ainsi se réalise véritablement le premier précepte du Décalogue, qui, sans rien dédaigner de l'homme ni exclure de cet amour, nous dit : «*Diliges Dominum Deum tuum ex toto corde tuo*» *et ex tota anima tua et ex tota fortitudine tua:* « Vous aimerez le Seigneur votre Dieu de tout votre cœur, de toute votre âme et de toutes vos forces » [1].

Dès lors que toutes les facultés et les forces de l'âme sont concentrées dans cet embrasement d'amour et que l'âme elle-même blessée et atteinte dans chacune d'elles est éprise d'amour, quels sont, je le demande, leurs mouvements ou leurs élans quand elles se voient embrasées et blessées de l'amour fort, sans cependant en avoir la possession ni la jouissance, et qu'elles se trouvent au milieu des ténèbres et des incertitudes ? Sans doute leur faim n'en sera qu'augmentée. Et semblables aux chiens dont parle David, elles rôderont autour de la cité, et, ne pouvant satisfaire un pareil amour, elles se mettront à hurler et à gémir [2]. La touche de cet amour au feu divin a si bien desséché l'esprit et enflammé ses facultés qui aspirent à étancher leur soif, que l'âme s'agite de mille manières pour montrer à Dieu tous ses désirs et toutes ses aspirations. C'est ce que David fait très bien comprendre dans un psaume, quand il dit : *Sitivit in te anima mea; quam multipliciter tibi caro mea:* « Mon âme a eu soif de vous; mais de combien de manières ma chair ne languit-elle pas pour vous ? » [3]. Cela veut dire par ses désirs. D'après une autre version il aurait dit : « Mon âme a eu soif de vous; mon âme se meurt pour vous. »

1. *Deut.*, VI, 5.
2. *Ps.* LVIII, 15, 16.
3. *Ps.* LXII, 2.

Voilà pourquoi l'âme dit dans le vers de la strophe :

Étant pleine d'angoisse et enflammée d'amour.

L'âme en effet aime de mille manières, dans ses pensées, dans ses œuvres ou dans les événements qui se présentent; ses désirs ne cessent de la torturer en tout temps et en tout lieu; elle n'est jamais en paix; elle est dans les angoisses, toute embrasée et blessée d'amour, comme le saint homme Job le fait comprendre quand il dit : *Sicut cervus desiderat umbram, et sicut mercenarius praestolatur finem operis sui, sic et ego habui menses vacuos, et noctes laboriosas enumeravi mihi. Si dormiero, dicam, quando consurgam? et rursum exspectabo vesperam, et replebor doloribus usque ad tenebras:* « Comme le cerf soupire après l'ombre et le mercenaire désire la fin de son travail, ainsi j'ai eu des mois de douleur, j'ai compté des nuits pénibles. Si je m'endors, je dis aussitôt : Quand est-ce que je me lèverai ? Et de nouveau j'attendrai le soir et je serai rempli de douleurs jusqu'à la nuit »[1]. Tout est étroit pour cette âme; elle ne se contient plus en elle-même; ses désirs dépassent le ciel et la terre; elle se remplit de douleur jusqu'à ces ténèbres dont Job parle ici; il nous fait comprendre qu'au point de vue spirituel dont nous nous occupons, il s'agit d'une peine et d'une souffrance qui n'ont aucune consolation et n'apportent aucun espoir de lumière ou de secours surnaturel. Aussi les angoisses et les souffrances de l'âme sont d'autant plus grandes dans cet embrasement d'amour qu'elles ont deux causes. Ce sont tout d'abord les ténèbres où elle se trouve et qui l'affligent de doutes et de craintes; c'est ensuite l'amour de Dieu qui l'embrase, la stimule d'une blessure amoureuse et la presse d'une manière admirable. Ces deux manières de souffrir en cet état nous sont

1. *Job*, VII, 2, 4.

très bien dépeintes par Isaïe quand il nous dit : *Anima mea desideravit te in nocte:* « Mon âme vous a désiré durant la nuit »[1], c'est-à-dire au milieu de sa misère. Telle est la première sorte de souffrance qui provient de cette nuit obscure. Mais le prophète ajoute : « Je vous rechercherai dès le matin avec mon esprit et mon cœur. » Telle est la seconde sorte de souffrance, qui vient des désirs et de l'anxiété d'amour qui torture l'esprit et le cœur. Néanmoins au milieu de ces peines qui proviennent des ténèbres et de l'amour, l'âme sent en elle une certaine présence amie et une certaine force qui l'accompagnent partout et la soutiennent. Aussi quand le poids de ces ténèbres angoissantes vient à cesser, elle se sent très souvent seule, dénuée de tout et faible; et la raison en est que l'énergie et la force de l'âme lui étaient données et communiquées passivement par ce feu ténébreux de l'amour dont elle était investie; aussi, dès que cette communication est venue à cesser, les ténèbres ont-elles également cessé, ainsi que la force et la chaleur de son amour.

II

(Chapitre XII)

ON MONTRE COMMENT CETTE NUIT HORRIBLE EST UN PURGATOIRE, ET COMMENT LA SAGESSE DIVINE ÉCLAIRE LES HOMMES SUR LA TERRE DE LA MÊME MANIÈRE QU'ELLE PURIFIE ET ÉCLAIRE LES ANGES DANS LE CIEL.

Ce qui précède nous donne à comprendre comment cette nuit obscure du feu d'amour, tout en purifiant

1. *Is.*, XXVI, 9.

l'âme dans les ténèbres, l'éclaire aussi peu à peu dans les ténèbres. Nous voyons également par là que, s'il y a dans l'autre vie un feu ténébreux et matériel qui purifie les esprits, il y a aussi sur cette terre un feu plein d'amour ténébreux et spirituel où l'âme expie et se purifie. Il a donc cette différence, que c'est le feu qui purifie dans le purgatoire, tandis que sur la terre c'est l'amour seul qui purifie et éclaire. Tel est l'amour que demandait David quand il disait : *Cor mundum crea in me, Deus...* [1]. Car la pureté du cœur n'est pas autre chose que l'amour et la grâce de Dieu. Aussi ceux qui ont le cœur pur sont-ils appelés bienheureux par notre Sauveur, ce qui signifie qu'ils sont remplis d'amour, puisque la béatitude ne se donne qu'à l'amour.

Mais si l'âme se purifie lorsqu'elle est éclairée du feu de cette Sagesse divine pleine d'amour, c'est que Dieu ne donne jamais la sagesse mystique sans donner l'amour, puisque c'est l'amour même qui l'infuse. C'est ce que Jérémie nous montre avec évidence quand il dit : *De excelso misit ignem in ossibus meis, et erudivit me :* « Il a envoyé d'en haut un feu dans mes os, et il m'a instruit » [2]. David dit que la Sagesse de Dieu est de l'argent éprouvé par le feu [3], ce qui signifie qu'elle a été éprouvée par le feu purificateur de l'amour. Car cette obscure contemplation infuse en même temps dans l'âme l'amour et la sagesse; chacune d'elles la reçoit selon sa capacité et ses besoins, quand elle est illuminée et purifiée de ses ignorances, comme dit le Sage qui en avait fait l'expérience : *Ignorantias meas illuminavit* [4].

1. *Ps. L*, 12.
2. *Lament.*, I, 13.
3. *Ps.* XI, 7.
4. *Eccl.*, I. I, 26.

De là il suit également que ces âmes sont purifiées et éclairées par cette même Sagesse de Dieu qui purifie les Anges de leurs ignorances; elle les instruit et les éclaire sur ce qu'ils ignoraient; elle découle de Dieu et passe des premières hiérarchies pour arriver jusqu'aux dernières, et de celles-ci enfin aux hommes. Voilà pourquoi il est dit dans la sainte Écriture, en toute vérité et en toute propriété de termes, que toutes les œuvres des Anges comme toutes leurs inspirations sont d'eux et de Dieu à la fois. Dieu, en effet, a coutume de faire dériver ses volontés par les anges; et ceux-ci à leur tour se les communiquent les uns aux autres sans retard, comme le rayon de soleil qui traverse une foule de vitres placées sur une même ligne. S'il est vrai que le rayon les traverse toutes, cependant chaque vitre le renvoie à l'autre, mais avec plus ou moins de force et d'éclat selon qu'elle est plus ou moins rapprochée du soleil.

Il résulte de là que plus les esprits des hiérarchies supérieures et inférieures sont rapprochés de Dieu, plus aussi ils sont purifiés et illuminés et reçoivent une clarté générale; les derniers ne reçoivent cette illumination que d'une manière beaucoup plus faible et plus lointaine.

Il suit encore de là que l'homme, étant le dernier à qui parviendra cette contemplation amoureuse quand il plaira à Dieu de la lui donner, la recevra à sa manière imparfaite et d'une façon très limitée et pénible. Car la lumière de Dieu qui illumine l'Ange, l'éclaire et le comble des suavités de son amour, comme il convient à un esprit pur qui est préparé à l'infusion de pareilles grâces. Quand il s'agit de l'homme, qui est impur et faible, il est naturel que Dieu l'éclaire, comme nous l'avons dit, en le mettant dans la nuit, en lui causant des peines et des angoisses, comme fait le soleil à l'égard de l'œil malade; il l'illumine en le remplissant d'amour et d'affliction. Ce travail dure jusqu'à ce que le feu de l'amour l'ait spiritualisé, épuré, purifié, pour qu'il puisse participer avec suavité comme les anges à l'union de cette influence amoureuse, comme nous le dirons plus loin, Dieu aidant [1]. Mais, en attendant, c'est dans les chagrins et les angoisses qu'il reçoit cette contemplation et cette connaissance amoureuse dont nous parlons.

Quant à ces ardeurs et à ces angoisses d'amour l'âme ne les sent pas toujours. Aux débuts de cette purification spirituelle ce feu divin semble tout entier occupé plutôt à préparer et à dessécher la matière de l'âme qu'à l'enflammer; mais avec le temps, lorsque ce feu a fini par la réchauffer peu à peu, elle sent très souvent ces ardeurs et cette chaleur de l'amour. Ici comme l'entendement se purifie toujours davantage par le moyen de cette nuit obscure, il arrive parfois que cette théologie mystique et amoureuse, tout en enflammant la volonté, blesse aussi par ses lumières la puissance de l'entendement en lui donnant quelque connaissance ou lumière de Dieu si pleine de saveur et si céleste que la volonté à son tour aidée par elle s'embrase d'une ferveur merveilleuse. Sans qu'elle fasse rien elle-même, le feu de l'amour divin lance alors de vives flammes, si bien qu'il semble à l'âme, grâce à la vive intelligence qui lui en est donnée, qu'elle est devenue un brasier ardent. Voilà pourquoi David a dit dans un psaume : *Concaluit cor meum intra me, et in meditatione mea exardescet ignis* [2] : « Mon cœur s'est échauffé en moi, et, autant que je puis le comprendre, un certain feu s'y est allumé ».

1. Les anciennes éditions avaient introduit ici ce fragment qui n'est pas du Saint : « Il y a des âmes qui dès cette vie ont reçu des lumières plus profondes que les Anges. »

2. *Ps.* XXXVIII, 4.

Cet incendie d'amour dans l'union de ces deux puissances, entendement et volonté, qui s'opère ici est une source de richesses et de suavités pour l'âme. C'est une certaine touche de la Divinité, et déjà un commencement de la parfaite union d'amour où elle tend. Voilà pourquoi on n'atteint cette touche si élevée de connaissance et d'amour de Dieu qu'après avoir enduré beaucoup de travaux et accompli une grande partie de la purification. Néanmoins, pour arriver aux autres degrés inférieurs de la perfection où les âmes parviennent d'ordinaire, une purification aussi complète n'est pas requise.

Il résulte de cet exposé que la volonté, en recevant de Dieu ces biens spirituels d'une manière passive, peut très bien aimer sans que l'entendement le comprenne, de même que l'entendement peut comprendre sans que la volonté aime. Et, en effet, cette nuit obscure de la contemplation se compose de lumière divine et d'amour, comme le feu qui éclaire et échauffe. Il n'y a donc pas d'inconvénient, lorsque cette lumière pleine d'amour se communique, à ce qu'elle blesse parfois davantage la volonté en l'embrasant d'amour, tandis qu'elle laisse l'entendement dans les ténèbres sans le blesser de son éclat; quand, d'autres fois, elle éclaire l'entendement et lui donne ses connaissances, tout en laissant la volonté dans les sécheresses. Il en est de même pour le feu. Il peut donner sa chaleur sans sa lumière, comme aussi sa lumière sans sa chaleur. C'est là l'œuvre du Seigneur. Il infuse ses faveurs comme il lui plaît [1].

1. Cette doctrine se retrouve à la strophe 26, vers 2e, du second Cantique spirituel du Saint, et à la strophe 17, vers 2e, du premier Cantique; à la strophe 3, v. 3, du § 10 de la *Vive Flamme d'amour*. — Cf. *Pensées sur l'amour de Dieu*, de sainte Thérèse, c. 6.

III

(Chapitre XIII)

AUTRES EFFETS MERVEILLEUX PRODUITS DANS L'AME PAR CETTE NUIT OBSCURE DE LA CONTEMPLATION.

Ce mode de contemplation nous permet déjà de comprendre quelques-uns des effets savoureux que cette nuit obscure de la contemplation produit déjà peu à peu dans l'âme. Car parfois au milieu de ces ténèbres l'âme est éclairée et la lumière brille au sein des ténèbres [1]. Cette intelligence mystique se communique à l'entendement, tandis que la volonté reste dans les sécheresses, je veux dire qu'elle ne produit pas actuellement des actes d'amour; mais elle est dans une paix et une simplicité si douces et si pleines de délices qu'on ne sait quel nom lui donner; tantôt elle aime Dieu d'une manière, tantôt d'une autre. Parfois ces deux puissances sont blessées en même temps, comme nous l'avons dit, et alors le feu de l'amour s'allume d'une manière subite, tendre et forte. Ces deux puissances, l'entendement et la volonté, nous le répétons, s'unissent parfois d'une manière d'autant plus parfaite et sublime que la purification de l'entendement est plus complète. Mais avant d'en arriver à ce degré, il est plus ordinaire qu'on sente la touche de l'embrasement dans la volonté que la touche de l'intelligence dans l'entendement.

Mais il s'élève ici un doute. Puisque ces deux puis-

---

1. *Jean*, I, 5.

sances se purifient en même temps, pourquoi dans les débuts la volonté sent-elle l'embrasement et l'amour de la contemplation purgatrice plus communément que l'entendement n'en a l'intelligence ? A cela on répond que cet amour passif ne blesse pas directement la volonté, parce que la volonté est libre; cet embrasement d'amour est plutôt une passion d'amour qu'un acte libre de la volonté; il blesse l'âme dans sa substance, et par suite c'est passivement qu'il excite ses affections; voilà pourquoi il doit s'appeler amour passif plutôt qu'acte libre de la volonté; car l'acte de la volonté ne porte ce nom qu'autant qu'il est libre.

Comme ces passions et affections dépendent de la volonté, on dit que si l'âme est passionnée pour un objet, la volonté l'est également; et il en est ainsi; car c'est de cette sorte que la volonté devient captive et perd sa liberté, et elle se laisse entraîner par la violence et la force de la passion. Voilà pourquoi nous pouvons affirmer que cet embrasement d'amour est dans la volonté, c'est-à-dire qu'il enflamme ses tendances; il doit s'appeler, nous le répétons, amour passif plutôt qu'acte libre de la volonté. Mais comme la passion réceptive de l'entendement est seule capable de recevoir une connaissance pure et d'une manière passive, ce qui n'a jamais lieu tant que l'entendement n'est pas purifié, il en résulte qu'avant cette purification l'âme sent moins souvent la touche de l'intelligence que celle de l'amour passif. Il n'est pas nécessaire d'ailleurs, pour recevoir cette touche, que la volonté soit aussi purifiée que l'entendement, car ses passions elles-mêmes l'aideront à sentir vivement l'amour.

Cet embrasement ou cette soif d'amour qui se produit ici est déjà l'œuvre de l'Esprit-Saint, et ses ardeurs sont très différentes de celles dont nous avons parlé dans la Nuit des sens. Sans doute le sens a lui aussi son action; il ne manque pas de participer au travail de l'esprit, néanmoins la source de cette soif se sent dans la partie supérieure de l'âme, c'est-à-dire dans l'esprit. Celui-ci sent et comprend si bien ce qu'il éprouve, comme aussi la privation du bien qu'il désire, que toute la peine des sens, bien qu'elle soit sans comparaison plus grande que dans la première nuit ou Nuit des sens, ne lui semble rien; car il constate que dans son intérieur un grand bien est absent et que rien ne saurait le remplacer.

Il est bon de remarquer maintenant que si dans ces débuts de la Nuit de l'esprit on ne sent pas cet embrasement d'amour, parce que ce feu d'amour n'a pas encore agi, Dieu néanmoins donne immédiatement à sa place un amour d'estime de lui si élevé que, nous le répétons, tout ce que l'âme souffre et endure de plus pénible dans les épreuves de cette nuit obscure, c'est la pensée angoissante qu'elle a perdu Dieu et qu'elle est rejetée par lui.

Aussi pouvons-nous toujours dire que dès le début de cette nuit obscure l'âme éprouve des angoisses d'amour, et que cet amour est tantôt un amour d'estime, tantôt même un amour d'embrasement. Néanmoins la plus terrible souffrance qu'elle endure dans ces épreuves c'est l'incertitude dont nous parlons. Si encore elle pouvait se persuader que tout n'est pas perdu et fini pour elle, mais que tout ce qui se passe est pour le mieux, comme c'est la vérité, et que Dieu n'est pas irrité contre elle, elle ferait peu de cas de toutes ces peines; elle s'en réjouirait au contraire à la pensée qu'elles lui servent à glorifier Dieu. Elle a pour Dieu un amour d'estime si profond, bien qu'elle ne s'en rende pas compte et ne le ressente pas, que non seulement elle est prête à endurer ces souffrances, mais que sa joie la plus vive serait de mourir mille fois pour lui plaire. Mais quand à cet amour d'estime qu'elle a déjà pour Dieu vient s'ajouter la flamme qui la consume, elle devient d'ordinaire tout autre par la force, l'élan, l'anxiété qui l'animent pour servir Dieu. Les ardeurs de l'amour lui sont communiquées; elle est pleine d'audace; aucun obstacle ne l'effraie, aucune considération humaine ne l'arrête; elle est transportée enivrée d'amour, toute brûlante de zèle; elle s'arrête peu à considérer ce qu'elle fait; elle accomplirait même des choses étranges et inusitées, si l'occasion s'en présentait d'une manière ou d'une autre, afin de rencontrer celui qu'elle aime.

Voilà pourquoi Marie-Madeleine, malgré la noblesse de sa condition, ne se préoccupe pas de tous ces personnages importants qui assistaient à un banquet dans la maison du Pharisien, comme nous le raconte saint Luc [1]; elle ne considère pas non plus que le moment ne semble pas et n'est pas opportun pour aller pleurer et faire éclater des sanglots au milieu des convives; elle ne songe même pas à différer d'une heure ou à attendre une autre circonstance; son seul but est de pouvoir se présenter devant Celui dont l'amour avait déjà blessé et embrasé son cœur. Mais quelle n'est pas l'ivresse et la hardiesse de son amour ! Elle sait que le corps de son Bien-Aimé repose dans un tombeau; que l'entrée de ce tombeau est fermée par une lourde pierre scellée [2], que des soldats montent la garde pour que ce corps ne soit pas emporté par les disciples; mais aucun de ces obstacles ne l'empêche de se rendre avant l'aurore à ce tombeau avec des parfums pour embaumer ce corps. Dans l'ivresse et l'anxiété de son amour, elle interroge celui qu'elle prend pour le jardinier de l'endroit et lui demande s'il n'a pas enlevé le corps; elle lui demande où il

1. *Luc*, VII, 37.
2. *Jean*, XX, 1, 15.

l'a mis, afin qu'elle puisse l'emporter. Elle ne considère pas combien cette demande est insensée et imprudente. Il est clair en effet que si le jardinier avait enlevé le corps, il n'allait pas le lui dire, et moins encore la laisser l'emporter. Mais quand l'amour est fort et véhément, il a ceci de particulier qu'il croit tout possible et s'imagine que tous les autres ont les mêmes pensées; il ne croit pas que personne s'occupe d'autre chose ou recherche autre chose que ce qu'il recherche ou ce qu'il aime : il s'imagine que l'objet de son amour et de sa sollicitude est le même pour les autres que pour lui. Voilà pourquoi l'Épouse des Cantiques est sortie pour aller à la recherche de son Bien-Aimé par les places publiques et les faubourgs; s'imaginant que tous le recherchaient également, elle les conjurait, s'ils le trouvaient, de lui dire de sa part qu'elle languissait d'amour pour lui [1].

Telle était la force de l'amour qui embrasait Marie-Madeleine. Il lui semblait que si le jardinier lui avait révélé où il avait caché le corps du Sauveur, elle serait allée pour l'emporter, malgré toutes les défenses.

Telle est la nature de ces anxiétés d'amour que l'âme ressent peu à peu quand elle est déjà avancée dans cette purification spirituelle. Elle se lève de nuit, c'est-à-dire dans les ténèbres purificatrices, et agit selon les affections de la volonté. Semblable à la lionne ou à l'ourse qui s'en vont avec force et anxiété à la recherche de leurs petits qu'on leur a enlevés et qu'elles ne retrouvent pas, cette âme blessée court à la recherche de son Dieu. Comme elle est dans les ténèbres, elle se sent séparée de lui, et cependant elle se meurt d'amour pour lui. Tel est l'amour impatient : il ne peut subsister longtemps; ou il reçoit l'objet de ses vœux, ou il meurt. Nous avons un exemple dans

1. *Cant.*, V, 8.

Rachel qui dans son désir d'avoir des enfants dit à Jacob : *Da mihi liberos, alioquin moriar:* « Donnez-moi des enfants, ou je meurs [1] ».

Il faut admirer ici comment l'âme qui se sent si misérable et si indigne de Dieu dans ces ténèbres purificatrices a assez de hardiesse et de présomption pour aspirer à l'union divine. En voici la raison. L'amour lui donne peu à peu des forces nouvelles pour qu'elle arrive à aimer en vérité; la propriété de l'amour est de tendre à l'union, à la jonction, à l'égalité, à la ressemblance avec l'objet aimé pour se perfectionner dans le bien de l'amour même. Voilà pourquoi l'âme qui n'est pas encore arrivée à la perfection de l'amour, parce qu'elle n'est pas arrivée à l'union, a faim et soif de ce qui lui manque, c'est-à-dire de l'union; aussi les forces que l'amour a déjà données à la volonté et qui engendrent sa passion rendent cette volonté pleine d'audace et de présomption, bien que l'entendement qui est dans les ténèbres et sans lumière se sente indigne et misérable.

Je ne veux pas manquer de dire ici le motif pour lequel cette lumière divine, étant toujours une lumière pour l'âme, ne l'éclaire pas dès qu'elle l'investit comme elle le fait plus tard, mais produit au contraire, comme nous l'avons dit, les ténèbres et l'affliction. Il en a été déjà dit un mot. Mais il faut spécifier ce point particulier.

Les ténèbres et les autres souffrances que l'âme endure lorsqu'elle est investie de cette divine lumière ne viennent pas de la lumière mais de l'âme, et c'est la lumière qui les lui découvre. Elle est donc éclairée tout de suite de la lumière divine. Mais elle ne voit tout d'abord avec son concours que ce qui la touche de plus près, ou mieux que ce qui est en elle, c'est-à-

1. *Gen.*, XXX, 1.

dire ses ténèbres et ses misères, qu'elle découvre enfin par la miséricorde de Dieu, car précédemment elle ne les voyait pas dès lors qu'elle n'était pas investie de cette lumière surnaturelle. Voilà pourquoi au début elle ne sent que ténèbres et afflictions. Mais une fois qu'elle sera purifiée par la connaissance et le sentiment de ses misères, son regard sera préparé à contempler les biens de cette divine lumière; quand en effet toutes ces ténèbres et ces imperfections ont été chassées et enlevées de l'âme, il semble que l'âme découvre peu à peu les avantages et les biens sans nombre qu'elle acquiert dans cette bienheureuse nuit de contemplation.

D'après ce qui a été dit, on comprend quelles faveurs Dieu accorde à l'âme quand il la purifie dans ces fortes épreuves et la guérit à l'aide de ces tribulations amères. Il purifie la partie sensitive et la partie spirituelle de toutes les attaches et habitudes imparfaites qu'elle avait dans l'ordre temporel et naturel, sensitif et spirituel. Pour cela il met dans les ténèbres ses facultés intérieures et les dépouille de tout; il fait passer par les angoisses et les aridités ses affections sensitives et spirituelles; il affaiblit et débilite les forces naturelles de l'âme par rapport à tout; et ces résultats l'âme n'aurait jamais pu se les procurer par elle-même, comme nous le verrons bientôt. En un mot, Dieu la détache peu à peu de cette manière de tout ce qui n'est pas lui naturellement; il la dépouille insensiblement de son ancien vêtement pour lui en donner un nouveau. C'est ainsi que la jeunesse de l'âme se renouvelle comme celle de l'aigle; elle est désormais revêtue de l'homme nouveau qui, au dire de l'Apôtre a été créé selon Dieu [1].

Cette transformation n'est autre chose que l'illumi-

---

1. *Eph.*, IV, 24.

nation de l'entendement par la lumière surnaturelle de telle sorte qu'il est uni au divin et devient divin. De son côté, la volonté étant embrasée d'amour par cette illumination devient divine; elle n'aime que d'une manière divine; elle ne fait plus qu'un avec la volonté divine et l'amour divin. Il en est de même de la mémoire, des affections et des tendances, qui sont changées et transformées selon Dieu et d'une manière digne de Dieu. Voilà pourquoi cette âme est désormais une âme du ciel, et vraiment toute céleste, plus divine qu'humaine. Toutes ces transformations que nous avons rapportées, Dieu les accomplit et les réalise dans l'âme par l'intermédiaire de cette nuit obscure; il éclaire l'âme et l'embrase divinement du désir de posséder Dieu seul, et rien de plus. C'est donc à bon droit qu'elle ajoute aussitôt le troisième vers de la strophe :

Oh ! l'heureux sort !
Je sortis sans être vue.

OÙ L'ON RAPPELLE ET
EXPLIQUE LES TROIS DERNIERS VERS DE
LA PREMIÈRE STROPHE.

(CHAPITRE XIV)

Cette heureuse fortune est venue à l'âme du motif qu'elle expose aussitôt dans les vers suivants :

Je sortis sans être vue,
Tandis que ma demeure était déjà en paix.

C'est là une métaphore. Afin de mieux réaliser son projet, elle est sortie de sa demeure la nuit, au milieu des ténèbres, quand tous les gens de sa maison étaient endormis, et que personne ne pouvait entraver sa fuite. Comme cette âme devait sortir pour accomplir un acte aussi héroïque et aussi extraordinaire que celui de s'unir au Bien-Aimé, elle est donc allée dehors, car le Bien-Aimé ne se trouve qu'au dehors dans la solitude. Voilà pourquoi l'Épouse, désirant le rencontrer seul, a dit : *Quis mihi det te fratrem meum sugentem ubera matris meae, ut inveniam te foris et deosculer te ?...* « Qui vous donnera à moi pour frère qui tète les mamelles de ma mère, afin que je vous trouve dehors et que je vous donne un baiser ? »[1]. Il convenait à l'âme éprise d'amour d'agir ainsi pour atteindre le but désiré; il fallait qu'elle sortît de nuit, lorsque tous les domestiques de sa maison étaient au repos et endormis, c'est-à-

1. *Cant.*, VIII, 1.

dire lorsque ses opérations vulgaires, ses opérations et ses tendances, qui sont les gens de sa maison, étaient assoupies et pacifiées par le moyen de cette nuit; car ces gens de la maison la troublent toujours, la détournent de ses biens et sont opposés à la liberté qu'elle prend de se passer d'eux. Ce sont là les domestiques ennemis de l'homme dont notre Sauveur parle dans le saint Évangile : *Et inimici hominis domestici ejus*[1]. Il convient donc que leurs opérations comme leurs mouvements soient endormis dans cette nuit; de la sorte ils n'empêchent pas l'âme d'arriver aux biens surnaturels de l'union d'amour de Dieu, car tant que dure leur activité et leur agitation, l'âme ne peut réaliser son dessein. Cette activité et cette agitation naturelles, bien loin d'être un secours pour l'âme, sont au contraire des obstacles qui l'empêchent de recevoir les biens spirituels de l'union d'amour. Aussi toute sa capacité naturelle est-elle impuissante à procurer les biens surnaturels que Dieu lui-même infuse dans l'âme d'une manière passive, secrète et silencieuse. Il faut donc que toutes ses puissances se taisent et se montrent passives pour recevoir cette infusion sans y mêler leur basse activité et leurs vils penchants.

Ce fut donc pour cette âme une heureuse fortune que Dieu ait endormi durant cette nuit tous les gens de sa maison, c'est-à-dire toutes ses puissances, passions, attaches et convoitises qui vivent dans sa partie sensitive et dans sa partie spirituelle. De la sorte elle a pu sortir sans être vue, c'est-à-dire sans être arrêtée par toutes ces puissances, etc., qui étaient endormies et mortifiées durant cette nuit, où on les a laissées dans l'obscurité afin qu'elles ne puissent rien connaître ni sentir d'après leur manière basse

1. *Mat.*, X, 36.

et naturelle : car alors elles auraient été un obstacle à l'âme; elles l'auraient empêchée de sortir d'elle-même et de la maison de sa sensualité. Elle a donc pu arriver à l'union spirituelle du parfait amour de Dieu.

Oh ! quelle heureuse fortune pour l'âme que de pouvoir se délivrer de la maison de sa sensualité ! A mon avis, l'âme ne saurait en avoir une idée exacte si elle n'en a fait l'heureuse expérience. Elle voit clairement dans quel triste esclavage elle se trouvait, et à combien de misères l'assujettissait l'activité de ses passions et de ses convoitises. Elle connaît alors que la vie de l'esprit est la véritable vie et le trésor qui renferme des biens inestimables. D'ailleurs nous en montrerons quelques-uns en développant peu à peu les strophes suivantes. On verra alors très clairement à quel juste titre l'âme doit regarder comme une heureuse fortune d'être délivrée de cette horrible nuit dont nous avons parlé.

STROPHE DEUXIÈME

J'étais dans les ténèbres et en sûreté
Quand je sortis déguisée par l'escalier secret,
Oh ! l'heureux sort !
J'étais dans les ténèbres et en cachette,
Tandis que ma demeure était déjà en paix.

(Chapitre XV)

Explication

L'âme chante encore dans cette strophe quelques-unes des propriétés de cette nuit obscure et répète les précieux avantages qu'elle lui a valus. Elle les expose, en répondant à une objection tacite. Elle fait remarquer qu'on ne doit pas s'imaginer que si l'âme a passé, dans cette nuit et cette obscurité, par toutes sortes de tourments, d'angoisses, de doutes, de craintes et d'horreurs, comme nous l'avons dit, elle ait couru pour ce motif un plus grand danger de se perdre; au contraire, cette nuit obscure lui a procuré des avantages : elle s'y est délivrée de ses ennemis et elle leur a échappé adroitement, quand ils l'empêchaient toujours d'avancer. A la faveur des ténèbres de la nuit, elle a changé de vêtement et s'est déguisée en prenant des livrées de trois couleurs différentes, comme nous le dirons plus loin; puis elle s'est enfuie par un escalier très secret, inconnu des personnes de sa maison, c'est-à-dire celui de la foi, comme nous l'expliquerons en son lieu. C'est par là que, pour bien réussir, elle est sortie d'une façon si cachée et si secrète qu'elle ne pouvait manquer d'être en sûreté. Ce projet s'est d'autant mieux réalisé que cette nuit purificatrice avait déjà endormi, mortifié, éteint les convoitises, les affections et les passions de l'âme ; car si elles eussent été éveillées et vivantes, elles ne l'auraient pas laissée s'évader.

Voici maintenant le vers qui est conçu en ces termes :

J'étais dans les ténèbres et en sûreté.

Premier vers

(Chapitre XVI)

ON EXPLIQUE COMMENT L'AME, TOUT EN ÉTANT DANS LES TÉNÈBRES, S'AVANCE AVEC SURETÉ.

L'obscurité dont l'âme parle ici concerne, nous l'avons déjà dit, les convoitises et les puissances sensitives, intérieures et spirituelles; toutes, en effet, une fois dans cette nuit, perdent leur lumière naturelle; car elles doivent en être dégagées afin d'être aptes à recevoir la lumière surnaturelle. Les convoitises sensitives et spirituelles sont alors endormies et amorties; aussi leur est-il impossible de goûter quoi que ce soit de divin ou d'humain. Les affections de l'âme, opprimées et étouffées, ne peuvent se mouvoir vers elle ou trouver un appui en rien; l'imagination est liée et incapable d'un raisonnement convenable; la mémoire est finie; l'entendement est dans les ténèbres et ne comprend rien; aussi la volonté est-elle dans les aridités et la contrainte; toutes ses puissances sont dans le dénûment et inutiles; mais surtout une nuée épaisse et pesante enveloppe l'âme, la tient dans les angoisses et comme éloignée de Dieu. C'est, dit-elle, en marchant de cette sorte, en cachette, qu'elle avance avec sûreté.

La cause de tout cela est bien expliquée. D'ordinaire, en effet, l'âme n'est dans l'illusion que quand elle suit ses convoitises ou ses attraits, ses raisonnements, ses connaissances ou ses affections; elle pèche alors par excès ou par défaut; elle se laisse entraîner à des changements et à des folies; en un mot elle se porte à ce qui ne convient pas. Aussi est-il clair que, une fois toutes ces opérations et tous ces mouvements suspendus, l'âme est assurée contre le danger de suivre leurs errements. Non seulement elle est libre d'elle-même, mais elle l'est encore de ses autres ennemis qui sont le monde et le démon; car ceux-ci, en présence des affections et opérations de l'âme qui sont éteintes, n'ont plus aucun moyen de lui faire la guerre.

Il suit de là que l'âme est dans la nuit obscure et plus elle est exempte de ses opérations naturelles, plus aussi elle marche avec sûreté. Comme dit, en effet, le prophète : *Perditio tua, Israel; tantummodo in me auxilium tuum:* « Ta perte, ô Israël, vient de toi ! (c'est-à-dire de tes opérations et de tes tendances intérieures et sensitives qui n'ont pas été bien réglées), tandis que le bien vient seulement de moi [1] ». Voilà pourquoi l'âme étant ainsi préservée de ses misères, il ne lui reste qu'à recevoir promptement les biens que son union avec Dieu produira dans ses facultés et ses puissances en les rendant toutes célestes. D'ailleurs tant que durent ces ténèbres, si l'âme y regarde bien, elle verra clairement combien il est rare que ses facultés et ses puissances se laissent aller à des choses inutiles ou dangereuses, et également combien elle est à l'abri de la vaine gloire, de l'orgueil et de la présomption, des joies vaines et trompeuses, et de beaucoup d'autres misères. Par conséquent, lorsque l'âme marche dans cette nuit obscure, elle n'est pas dans un chemin de perdition; elle est, au contraire, dans celui de la perfection, puisqu'elle acquiert des vertus.

Mais ici se présente immédiatement une objection. La voici. Dès lors que ces choses surnaturelles sont

---

1. *Os.*, XIII, 9.

par elles-mêmes une source de biens pour l'âme, l'attirent et lui donnent de la sécurité, pourquoi les facultés et les puissances sont-elles mises par Dieu dans les ténèbres de cette nuit obscure, de telle sorte qu'elles ne peuvent voir même ces choses bonnes, ni en jouir, ni s'en occuper comme des autres biens, et peut-être moins ? Voici ma réponse. Il convient alors qu'elles n'exercent aucune activité et n'aient aucun goût par rapport aux choses spirituelles, dès lors qu'elles sont encore impures, basses et très naturelles; et bien qu'on leur donne quelque goût et quelque communication des choses surnaturelles et divines, elles ne peuvent y participer que d'une manière très basse, très naturelle et très conforme à leur état. Et, en effet, chaque chose, dit le Philosophe, est reçue selon la capacité de celui qui la reçoit, Voilà pourquoi ces puissances naturelles n'ayant ni pureté, ni force, ni capacité pour recevoir et goûter les choses surnaturelles selon le mode qui leur convient, c'est-à-dire un mode divin, elles ne le peuvent que selon leur mode qui est humain et bas, comme nous l'avons dit; il convient donc qu'elles soient aussi plongées dans les ténèbres de la nuit obscure quand il s'agit de ces choses divines. Une fois qu'elles sont sevrées, purifiées, réduites à rien, que de plus elles se débarrassent de cette manière basse et humaine d'agir et de recevoir, alors elles sont toutes disposées et préparées à recevoir, à sentir et à goûter le divin et le surnaturel d'une manière élevée et parfaite, car ces dispositions ne peuvent se réaliser si tout d'abord le vieil homme n'est pas mort. Voilà pourquoi tout ce qui est spirituel doit venir d'en-haut et être communiqué par le Père des lumières à notre libre arbitre et à notre volonté humaine; l'homme aura beau exercer son goût et ses facultés pour arriver jusqu'à Dieu et s'imaginer qu'il en savoure les douceurs.

il ne goûtera pas le Seigneur d'une manière divine ou spirituelle, mais d'une manière humaine et naturelle, comme il goûte les autres objets créés, car les biens ne vont pas de l'homme à Dieu, mais ils descendent de Dieu à l'homme.

A ce sujet, si c'était l'occasion d'en parler, nous pourrions montrer ici comment une foule de personnes sont très heureuses de porter vers Dieu et les exercices spirituels leurs goûts, leurs affections et leur activité; elles s'imagineront que tout cela est surnaturel et spirituel; et peut-être ne sont-ce là que des actes et des goûts naturels et humains. Comme elles apportent ces dispositions en toutes choses, elles l'apportent aussi dans les choses bonnes avec cette facilité naturelle qu'elles ont à diriger leurs facultés et leurs puissances vers un objet quelconque.

Si nous en avons l'occasion plus tard, nous en parlerons. Nous donnerons certains signes à l'aide desquels on pourra reconnaître quand les mouvements ou les actes intérieurs de l'âme dans ses rapports avec Dieu sont seulement naturels ou seulement spirituels, ou bien quand ils sont spirituels et naturels à la fois. Qu'il suffise de savoir pour le moment que, si les actes et les mouvements intérieurs de l'âme doivent arriver à être mus par Dieu d'une manière élevée et divine, il faut d'abord endormir, placer dans les ténèbres et apaiser leur partie naturelle jusqu'à ce que leur habileté et leur activité soient réduites à néant.

Ainsi donc, ô âme spirituelle, quand vous verrez que vos convoitises sont dans les ténèbres, que vos affections sont dans la sécheresse et la contrainte, que vos puissances sont paralysées et incapables de tout exercice de la vie intérieure, ne vous en affligez pas; au contraire, regardez cet état comme une heureuse fortune : Dieu en effet vous délivre peu à peu de vous-même. Il vous enlève des mains vos possessions. Malgré le bon emploi que vous en auriez fait, vous n'agiriez pas aussi bien, aussi parfaitement et sûrement, à cause de leur impureté et de leur bassesse, que maintenant. Dieu, en effet, vous prend par la main; c'est lui qui vous conduit comme on conduit un aveugle dans les ténèbres vers un but et par un chemin que vous ignorez, et où jamais, malgré tout le secours que vous auraient prêté vos yeux et vos pieds, vous n'auriez réussi à marcher.

Une autre raison pour laquelle non seulement l'âme est en sécurité quand elle marche ainsi dans les ténèbres, mais encore gagne des mérites et grandit en perfection, c'est que d'ordinaire son progrès et sa perfection lui viennent d'où elle s'y attend le moins; et même généralement elle s'imagine qu'elle va à sa perte. Et en effet, comme elle n'a pas l'expérience de cette nouveauté qui la fait sortir d'elle-même, qui l'éblouit et trouble sa première manière de procéder, elle s'imagine plutôt qu'elle est perdue, et non qu'elle réussit ou acquiert des mérites, car en réalité elle se perd par rapport à ses connaissances et à ses goûts, et elle est conduite là où elle ne connaît rien et où rien ne lui plaît. Elle ressemble au voyageur qui s'en va par des régions inconnues sur lesquelles il n'a aucun renseignement. Ce voyageur ne se guide pas d'après ses connaissances précédentes, mais d'après des doutes ou des renseignements étrangers. Évidemment il ne pourra parvenir à ce nouveau pays ni savoir plus qu'il ne savait d'abord, si ce n'est en passant par des chemins nouveaux qu'il n'a jamais connus et en laissant ceux qu'il connaît. Il en est absolument de même pour celui qui cherche à se perfectionner dans un métier ou dans un art. Il va toujours à tâtons; il ne se sert plus de ses connaissances précédentes, parce que s'il ne les négligeait, il n'avancerait jamais et ne réaliserait aucun progrès. Ainsi en est-il de l'âme : plus elle progresse, plus aussi elle pénètre dans les ténèbres, sans savoir où elle va. Voilà pourquoi, comme nous l'avons dit, Dieu est ici le Maître et le guide de cet aveugle qui est l'âme. Et maintenant qu'elle comprend bien cette vérité, elle peut bien se réjouir et dire :

J'étais dans les ténèbres et en sûreté.

Un autre motif pour lequel l'âme était en sûreté en marchant au milieu de ces ténèbres, c'est qu'elle y a souffert : or le chemin de la souffrance est plus sûr et même plus profitable que celui de la jouissance et de l'action personnelle; tout d'abord parce que quand on souffre, on reçoit des forces de Dieu, tandis que quand l'âme agit et est dans la jouissance, elle met en mouvement ses misères et ses imperfections; en second lieu c'est dans la souffrance que l'on exerce et que l'on augmente peu à peu les vertus; c'est alors aussi que l'âme se purifie et grandit en sagesse et en prudence.

Mais il y a ici une cause plus particulière pour laquelle l'âme qui est dans les ténèbres marche avec sécurité. Elle vient de cette lumière ou sagesse obscure dont nous avons parlé. Cette nuit obscure de la contemplation envahit l'âme et l'investit de telle sorte, elle la place si près de Dieu que Dieu est son soutien et qu'elle est affranchie de tout ce qui n'est pas Dieu. L'âme est pour ainsi dire placée là comme en traitement pour y recouvrer la santé qui est Dieu lui-même. Sa Majesté la met à la diète, lui prescrit l'abstinence de tout et détruit en elle le désir de tout le créé. C'est bien ainsi qu'on agit pour un malade qui est chéri dans sa maison. On le met dans un appartement retiré, là où il ne sera gêné ni par l'air ni même par la lumière, là où il n'entendra pas le bruit des pas ou la rumeur des domestiques; et on lui servira des mets très délicats, par petites portions, et plus substantiels que savoureux.

Telles sont les propriétés que produit dans l'âme cette obscure contemplation ; elles ont toutes pour but de la mettre en sécurité et de la tenir en garde, car elle est déjà plus près de Dieu. Plus l'âme est rapprochée de lui, et plus elle sent à cause de sa faiblesse la profondeur des ténèbres et de l'obscurité où elle se trouve. De même que plus on s'approche du soleil, plus son éclat cause d'obscurité et de souffrance à l'œil à cause de sa faiblesse, de son imperfection et de son impuissance, ainsi en est-il de la lumière spirituelle de Dieu ; elle est tellement intense, elle excède à tel point l'entendement, que quand elle s'en rapproche, elle l'aveugle et le plonge dans l'obscurité. Telle est la cause pour laquelle David a dit au psaume XVII : « Dieu a pris les ténèbres pour se cacher et s'envelopper, et la tente qui l'abritait c'étaient les eaux ténébreuses qui se trouvaient dans les nuées de l'air [1] ». Cette eau ténébreuse contenue dans les nuées de l'air signifie la contemplation obscure et la Sagesse divine dont les âmes sont investies, comme nous l'expliquons présentement. L'âme s'en rend compte peu à peu, comme d'une chose qui est près de Dieu ; elle sent que c'est là le tabernacle où il habite, au moment où elle est attirée à lui. Aussi plus la lumière et la clarté de Dieu sont élevées, plus elles sont ténèbres profondes pour l'homme, dit saint Paul. C'est là également la pensée de David qui dans le psaume que nous avons cité dit : *Prae fulgore in conspectu ejus nubes transierunt :* « Par la splendeur de sa présence les nuées se sont formées en masse [2] », c'est-à-dire pour l'entendement naturel

1. *Ps.* XVII, 12.
2. *Ibid.*, 13.

dont les lumières ne sont que ténèbres épaisses, dit Isaïe : *Obtenebrata est in caligine ejus*[1].

Oh ! qu'elle est misérable la condition de la vie humaine, où l'on court tant de dangers et où l'on arrive si difficilement à la connaissance de la vérité ! Ce qu'il y a de plus clair et de plus vrai nous semble plus obscur et plus incertain : nous fuyons ce qui nous convient le mieux; et, au contraire, ce qui brille davantage et satisfait nos regards, nous l'embrassons, nous le poursuivons, quand c'est ce qu'il y a de pire pour nous et un danger constant pour l'âme. Qui pourra dire les dangers et les alarmes où l'homme vit sur la terre ! puisque la lumière naturelle qui doit nous guider est la première à nous éblouir et à nous égarer, dans notre marche vers Dieu ! Si on veut arriver à suivre la voie sûre, il faut nécessairement fermer les yeux, et marcher dans les ténèbres pour esquiver les ennemis domestiques, c'est-à-dire nos sens et nos puissances ! L'âme se trouve donc bien cachée ici et sous une bonne garde dans cette nuée ténébreuse qui est autour de Dieu. Car si elle est pour Dieu lui-même un tabernacle et une demeure, elle le sera également pour l'âme; elle sera son rempart et sa sécurité d'une manière parfaite. L'âme, il est vrai reste dans les ténèbres, mais elle y est bien cachée; elle y est protégée contre elle-même et contre tous les autres dangers qui peuvent lui venir des créatures, comme nous l'avons dit. C'est de ces âmes que David parle encore dans un autre psaume, quand il dit : *Abscondes eos in abscondito faciei tuae a conturbatione hominum: proteges eos in tabernaculo tuo a contradictione linguarum:* « Vous les cacherez dans le secret de votre face, pour les mettre à l'abri des persécutions des hommes; vous les protégerez dans

1. *Is.*, V, 30.

votre tabernacle contre le déchaînement des langues [1] ». Ces paroles signifient toutes sortes de protections; car être caché dans le secret de la face de Dieu, pour être à l'abri de la persécution, c'est être fortifié par cette obscure contemplation contre toutes les attaques qui peuvent venir de la part des hommes; être protégé dans son tabernacle contre le déchaînement des langues, c'est être submergé dans cette eau ténébreuse que David appelle ce tabernacle de Dieu. Aussi, comme l'âme est sevrée de toutes ses tendances et de toutes ses attaches, et que ses puissances sont dans les ténèbres, elle est affranchie de toutes les imperfections qui étaient en opposition avec son esprit, comme de sa chair et de tout le créé. Elle peut donc dire à bon droit qu'elle marche *dans les ténèbres et en sûreté.*

Donnons encore une autre cause, non moins efficace que la précédente, pour achever de montrer que cette âme marche en sécurité dans ces ténèbres. C'est la force que donne immédiatement à l'âme cette nuée obscure, angoissante et ténébreuse. Car enfin, bien que ténébreuse, c'est de l'eau, et voilà pourquoi elle rafraîchit et fortifie l'âme dans ce qui lui convient le mieux, quoique ce soit dans les ténèbres et les angoisses. L'âme découvre immédiatement en elle-même une détermination vraie et efficace de ne rien faire qu'elle sache offense de Dieu, comme de ne rien omettre de ce qui lui semble contribuer à sa gloire. Sous l'action de cet amour obscur elle est embrasée de zèle et de sollicitude pour savoir ce qu'elle fera ou omettra dans le but de lui plaire; elle se demande si elle ne l'a pas offensé. Elle agit alors avec beaucoup plus d'attention et de sollicitude qu'à l'époque où elle était anxieuse d'amour, comme on l'a vu plus haut. Ici, en effet,

1. *Ps.* XXX, 21.

toutes les forces de l'âme, toutes ses tendances et toutes ses puissances, étant dégagées de toutes les choses créées, concentrent uniquement au service de Dieu leur effort et leur activité. De la sorte l'âme sort d'elle-même et de toutes les créatures pour arriver à la douce et savoureuse union d'amour de Dieu, *dans les ténèbres et en sûreté.*

Deuxième vers

Quand je sortis déguisée par l'escalier secret.

I

(Chapitre XVII)

ON EXPLIQUE COMMENT CETTE CONTEMPLATION OBSCURE EST SECRÈTE.

Il convient de donner l'explication de trois mots de ce vers. Les deux mots *escalier secret* signifient la nuit obscure de contemplation dont nous nous occupons; l'autre, c'est-à-dire le mot *déguisée*, se rapporte à l'âme et signifie son mode d'être dans cette nuit. Et tout d'abord nous devons savoir que dans ce vers l'âme appelle l'obscure contemplation par où elle arrive à l'union d'amour un *escalier secret*, à cause des deux propriétés qu'il renferme : à savoir que c'est un escalier, et qu'il est secret. Nous traiterons de ces deux propriétés séparément.

Tout d'abord on appelle secrète cette contemplation ténébreuse. Comme nous l'avons dit plus haut, c'est là la théologie mystique que les théologiens appellent sagesse secrète, et qui d'après saint Thomas [1] se communique et s'infuse par la voie de l'amour. Cette opération s'accomplit secrètement, à l'insu de l'activité naturelle de l'entendement et des autres puissances;

1. S. Th., IIa IIae, q. 180, a. 1.

toutes les puissances en effet sont incapables d'un tel résultat; l'Esprit-Saint seul l'infuse et en orne l'âme, qui, nous dit l'Épouse des Cantiques, ne s'en est pas aperçue et ne comprend pas comment cela s'est passé; voilà pourquoi cette contemplation s'appelle secrète. En réalité, ce n'est pas seulement l'âme qui ne le comprend pas; mais personne ne le comprend, pas même le démon. C'est le divin Maître qui enseigne l'âme; il est en elle substantiellement là où ne peuvent pénétrer ni le démon, ni le sens naturel, ni l'entendement.

On l'appelle encore secrète à cause des effets qu'elle produit dans l'âme. Elle l'est non seulement quand l'âme se trouve dans les ténèbres et les angoisses de la purification, et que cette sagesse secrète la purifie, de telle sorte qu'elle ne sait qu'en dire; mais elle l'est encore après, lorsque l'âme est déjà illuminée, et que cette sagesse se communique à elle d'une manière plus claire; même alors elle reste tellement secrète que l'âme ne peut la discerner ni lui donner un nom qu'elle soit capable d'exprimer; car, outre que l'âme n'a nul désir d'en parler, elle ne saurait trouver aucun mode, aucune manière, aucune ressemblance qui soit quelque chose d'adéquat, et donne l'intelligence d'une faveur si élevée et d'un sentiment spirituel d'une telle délicatesse. Aussi alors même que l'âme eût le plus vif désir de l'expliquer, et apportât toutes les explications possibles, cette contemplation obscure resterait toujours un secret et une chose indicible.

Comme cette sagesse intérieure est si simple, si générale et si spirituelle, elle n'est pas entrée dans l'entendement enveloppée ou revêtue d'une forme ou image quelconque accessible au sens; aussi les sens et l'imagination, qui ne lui ont point servi d'intermédiaire pour entrer et n'ont perçu ni son vêtement ni sa couleur, sont incapables d'en rendre compte et de se l'imaginer pour en parler quelque peu; néanmoins l'âme voit clairement qu'elle comprend et qu'elle goûte cette savoureuse et mystérieuse sagesse. Elle est comme celui qui voit une chose pour la première fois et qui n'a jamais rien vu de semblable; il la comprend, il en jouit, et cependant il ne peut lui donner un nom, ni exprimer ce que c'est, malgré tous ses efforts et bien qu'il s'agisse d'une chose qu'il perçoit par les sens; à plus forte raison est-il dans l'impossibilité de manifester ce qu'il n'a pas perçu par les sens.

Tel est le propre du langage de Dieu. Quoique très intime à l'âme et spirituel, il dépasse les sens; il arrête aussitôt et réduit au silence toute l'harmonie et toute l'habileté des sens extérieurs et intérieurs. Nous en avons des preuves et des exemples dans les saintes Écritures. Jérémie nous montre l'impuissance de le manifester et d'en parler extérieurement, quand, après avoir entendu Dieu, il ne sait que lui répondre ***a, a, a*** [1]. L'impuissance intérieure, c'est-à-dire celle du sens intérieur de l'imagination en même temps que l'impuissance extérieure, ou du langage, nous est manifestée également par Moïse lorsqu'il se trouvait en présence du buisson ardent [2]. Non seulement il dit à Dieu qui venait de s'entretenir avec lui, qu'il ne savait plus parler et qu'il n'y parvenait pas, mais, comme le remarquent les Actes des Apôtres, il n'osait même plus le regarder intérieurement à l'aide de son imagination [3]; il lui semblait que son imagination en était très éloignée et incapable non seulement de se représenter quelque chose de ce qu'il comprenait de Dieu, mais encore d'en recevoir quelque connaissance. Aussi, quoique la sagesse de cette contemplation

1. *Jér.*, I, 6.
2. *Ex.*, IV, 10.
3. *Act.*, VII, 32.

soit le langage de Dieu à l'âme, ou de pur esprit à esprit pur, tout ce qui est inférieur à l'esprit, comme le sont les sens, ne peut le percevoir; il reste un secret pour eux; les sens ne le connaissent point et ne peuvent l'exprimer; ils n'en ont aucun désir parce qu'ils ne le voient pas.

Nous pouvons comprendre par là pourquoi certaines personnes qui marchent par cette voie et qui sont vertueuses et timides voudraient rendre compte à leurs directeurs de ce qui se passe dans leur âme, et ne savent pas s'exprimer, ni ne le peuvent. Aussi ont-elles une répugnance extrême à s'en ouvrir, surtout quand la contemplation est un peu plus simple et que l'âme elle-même l'a à peine sentie. La seule chose qu'elles peuvent dire, c'est que l'âme est satisfaite, heureuse et contente, qu'elles goûtent Dieu et qu'il leur semble qu'elles sont en bonne voie. Quant à exprimer ce que l'âme ressent, il n'y faut pas songer, si ce n'est en se servant de termes généraux semblables à ceux dont nous avons parlé.

Il n'en est plus de même quand il s'agit de grâces particulières comme le sont les visions, les goûts de Dieu... D'ordinaire ces faveurs se manifestent sous quelque forme sensible, et c'est d'après cette forme sensible ou une autre semblable qu'on en peut parler; mais alors cette faculté de pouvoir en parler ne dépend pas de la pure contemplation; car celle-ci est inexprimable, comme nous l'avons dit, et c'est pour ce motif qu'on l'appelle secrète.

Ce n'est pas seulement pour ce motif que la sagesse mystique s'appelle secrète et l'est en réalité, c'est encore parce qu'elle a la propriété de cacher l'âme en soi. Outre les effets qu'elle produit d'ordinaire, elle absorbe parfois l'âme d'une manière intime et la cache dans un abîme secret où elle se voit clairement très éloignée et séparée de toute créature. Il semble alors à l'âme qu'on la place dans une profonde et vaste solitude où ne peut avoir accès aucune créature humaine; c'est comme un immense désert qui de toutes parts est sans limite; et ce désert est d'autant plus rempli de charmes, d'attraits et de délices, qu'il est plus profond, plus vaste et plus solitaire; l'âme s'y trouve d'autant plus dans le secret qu'elle se voit plus élevée au-dessus de toutes les créatures d'ici-bas. Dans cet abîme de sagesse l'âme s'élève et grandit en s'abreuvant aux sources mêmes de la science de l'amour. Non seulement elle découvre alors quelle est la bassesse de toute condition humaine en comparaison des connaissances de Dieu et de sa science; mais elle voit aussi combien sont vils, insuffisants et impropres tous les termes ou expressions dont on se sert pour parler ici-bas des choses divines. Elle comprend également qu'il est impossible à l'aide de moyens ou efforts naturels, malgré la profondeur ou la science de langage qu'on y apporterait, de connaître et de sentir ces choses divines comme elles sont; il faut pour cela que l'âme soit éclairée par la lumière de cette théologie mystique dont nous parlons. C'est au milieu de ces splendeurs que l'âme voit cette vérité qu'on ne saurait imaginer et encore moins expliquer dans un langage humain et vulgaire; aussi est-ce avec raison qu'elle l'appelle *secrète*.

La divine contemplation possède cette propriété d'être secrète et de dépasser notre capacité ordinaire, non seulement parce qu'elle est surnaturelle, mais encore parce qu'elle est la voie qui conduit l'âme aux perfections de l'union avec Dieu. Or, celles-ci n'étant pas connues humainement, il faut aller à elles en ne sachant rien humainement, et en ignorant tout divinement. D'après le langage mystique dont nous nous servons présentement, les choses et les perfections divines ne sont pas connues et comprises telles qu'elles sont, quand on les cherche et qu'on s'y exerce, mais seulement quand on les a déjà trouvées et qu'on en a l'expérience. Le prophète Baruch dit à ce propos de cette Sagesse divine : *Non est qui possit scire vias ejus, neque qui exquirat semitas ejus:* « Il n'y a personne qui puisse connaître ses voies, ni découvrir ses sentiers »[1]. Le prophète royal, parlant à Dieu de ce chemin, s'exprime ainsi : *Illuxerunt coruscationes tuae orbi terrae; commota est et contremuit terra; in mari via tua, et semitae tuae in aquis multis; et vestigia tua non cognoscentur:* « Vos éclairs ont répandu leur lumière sur le monde; la terre a frémi et elle a tremblé; la mer a été votre chemin, et vos sentiers sont sur les grandes eaux, et l'on n'y peut reconnaître les vestiges de vos pas »[2]. Toutes ces paroles s'appliquent spirituellement au sujet dont nous nous occupons. Car la lumière que les éclairs de Dieu projettent sur la terre signifie la lumière que cette divine contemplation répand dans les puissances de l'âme; le frémissement et le tremblement de la terre signifient la purification douloureuse que l'âme subit alors. Quand on dit que le chemin par lequel l'âme s'achemine vers Dieu est la mer, que ses sentiers sont sur les grandes eaux et que pour ce motif ils ne seront pas connus, on signifie que ce chemin qui mène à Dieu est aussi secret et caché au sens de l'âme que l'est pour le corps le sentier suivi sur la mer qui n'en garde ni vestige ni empreinte. De même le propre des sentiers que Dieu suit quand il attire les âmes à lui et les perfectionne en les unissant à sa Sagesse, est de rester inconnus. Aussi Job, voulant exalter cette action de Dieu, a-t-il dit ces paroles : *Numquid nosti semitas nubium magnas, et perfectas scientias?* » Est-

---

1. *Bar.*, III, 31.
2. *Ps.* LXXVI, 19.

ce que tu connais les grands sentiers que suivent les nuées et les sciences parfaites ? »[1]. Il indique par là les voies et les chemins que Dieu suit pour ennoblir et perfectionner dans sa Sagesse les âmes dont les nuées sont l'image.

Il est donc prouvé que cette contemplation qui conduit l'âme à Dieu est une sagesse secrète.

II

(Chapitre XVIII)

ON MONTRE COMMENT CETTE SAGESSE SECRÈTE EST AUSSI UN ESCALIER.

Il nous reste maintenant à expliquer le second mot, c'est-à-dire à montrer comment cette sagesse secrète est aussi un *escalier*.

Il faut savoir à ce propos qu'il y a beaucoup de raisons pour lesquelles on peut appeler cette secrète contemplation un *escalier*.

Tout d'abord, de même que l'échelle sert à monter et à escalader une forteresse pour s'emparer des biens, des richesses et de tous les trésors qui s'y trouvent, de même cette secrète contemplation sert à l'âme, sans qu'elle sache comment, à monter jusqu'à la connaissance et à la possession des richesses et des trésors du ciel. C'est ce que nous fait très bien comprendre le prophète royal, quand il dit : *Beatus vir cujus est auxilium abs te; ascensiones in corde suo disposuit, in valle lacrymarum, in loco quem posuit. Etenim bene-*

1. *Job*, XXXVII, 16.

dictionem dabit legislator; ibunt de virtute in virtutem; videbitur Deus deorum in Sion: « Heureux l'homme qui puise en vous son secours et sa force. Dans cette vallée de larmes, il a disposé dans son cœur des degrés pour s'élever jusqu'au point qu'il s'est fixé. A ceux-là le législateur donnera sa bénédiction; ils s'avanceront de vertu en vertu et comme de degré en degré; et le Dieu des dieux sera vu dans Sion »[1]. Cela veut dire qu'ils posséderont les trésors de la forteresse de Sion, qui signifie la béatitude éternelle.

En second lieu, nous appelons *escalier* cette contemplation secrète, parce que, de même que les degrés de l'escalier servent à la fois à monter et à descendre, de même cette contemplation secrète emploie les mêmes communications ou lumières pour élever l'âme à Dieu et l'humilier en elle-même. Car ces communications qui sont véritablement de Dieu ont cela de propre qu'elles humilient l'âme et l'élèvent tout à la fois. Dans cette voie descendre c'est monter, et monter c'est descendre; car celui qui s'humilie sera exalté, et celui qui s'exalte sera humilié : *Qui se exaltat humiliabitur, et qui se humiliat exaltabitur*[2]. Outre que la vertu d'humilité est une grandeur pour l'âme qui s'y exerce, Dieu d'ordinaire la fait monter par cet escalier pour qu'elle le descende, et l'en fait descendre pour qu'elle le remonte, afin que s'accomplisse cette parole du Sage : *Antequam conteratur, exaltatur cor hominis; et antequam glorificetur, humiliatur:* « Le cœur de l'homme avant d'être brisé est exalté, et avant d'être glorifié il est humilié »[3].

Et maintenant, nous plaçant au point de vue naturel, puisque d'ailleurs le côté spirituel ne se sent pas,

1. *Ps.* LXXXIII, 6, 8.
2. *Luc*, XIV, 11.
3. *Pro.*, XVIII, 12.

l'âme qui voudra y regarder de près verra clairement combien de hauts et de bas il y a dans cette voie, et comment la prospérité dont elle jouit est bientôt suivie de quelque orage ou épreuve ; on dirait même qu'on ne lui a donné le calme que pour la préparer et la fortifier en vue des tribulations suivantes, mais d'un autre côté elle verra également qu'après la misère et la tourmente il y a l'abondance et la paix. Aussi semble-t-il à l'âme que c'est pour lui procurer les joies d'une fête qu'on l'a mise tout d'abord dans cette épreuve.

Telle est donc la marche ordinaire de cet état de contemplation. L'âme n'est pas encore arrivée au repos définitif. Elle n'est jamais dans le même état ; elle ne fait que monter et descendre. La cause de cette alternative vient de ce que l'état de perfection consistant dans le parfait amour de Dieu et le mépris de soi, qui ne peut pas exister sans qu'il y ait ces deux conditions, Dieu doit nécessairement commencer par exercer l'âme dans l'un et l'autre. Il lui donne donc à goûter cet amour dont il lui montre l'excellence, et il l'éprouve en l'humiliant, jusqu'à ce qu'elle ait acquis les habitudes parfaites et cesse de monter et de descendre ; elle est alors arrivée au but ; elle s'unit à Dieu, qui est le terme de cette échelle mystique ; c'est à lui qu'elle s'attache et en lui qu'elle trouve le repos.

Cette échelle de la contemplation, qui, comme nous l'avons dit, a son point d'attache en Dieu, est figurée par cette échelle que Jacob vit en songe et par laquelle les Anges descendaient de Dieu à l'homme et montaient de l'homme à Dieu qui se tenait à son sommet [1]. Ce songe, nous dit la sainte Écriture, eut lieu de nuit et lorsque Jacob était endormi, pour nous faire

1. *Gen.*, XVIII, 12.

comprendre combien cette voie ou montée qui mène à Dieu est secrète et différente de ce que l'homme peut penser. La preuve est facile. D'ordinaire, en effet, ce qui serait pour nous le plus avantageux, comme l'oubli et le mépris de nous-mêmes, nous semble la pire des infortunes; ce qui, au contraire, a le moins de valeur, comme les joies et les consolations, où il y a généralement plus de perte que de gain, est pour nous une bonne fortune.

Parlons maintenant d'une manière un peu plus substantielle et dans un sens plus précis de cette échelle mystique de la contemplation secrète. La cause principale pour laquelle la contemplation s'appelle une échelle mystique, c'est qu'elle est une science d'amour ou une connaissance infuse et amoureuse de Dieu, et que, en même temps qu'elle éclaire l'âme, elle l'embrase d'amour pour l'élever de degré en degré jusqu'à Dieu son Créateur; car c'est l'amour seul qui unit l'âme à Dieu et l'attache à lui. Mais, pour plus de clarté, nous marquerons ici les différents degrés de cet escalier divin, en indiquant brièvement les signes et les effets de chacun d'eux : de la sorte l'âme pourra conjecturer à quel degré elle est parvenue. Nous les distinguerons par leurs effets à la suite de saint Bernard et de saint Thomas [1]. Il nous serait d'ailleurs impossible de les connaître en eux-mêmes par nos moyens naturels. Cet escalier, avons-nous dit, est un escalier d'amour; et il est si secret que Dieu seul peut connaître le poids et la mesure de cet amour.

1. *De dilectione Dei et proximi.* S. Th., c. 27.

III

(Chapitre XIX)

ON COMMENCE A EXPLIQUER LES DIX DEGRÉS DE L'ÉCHELLE MYSTIQUE DE L'AMOUR DIVIN D'APRÈS SAINT BERNARD ET SAINT THOMAS. ON EXPOSE LES CINQ PREMIERS.

Nous disons donc que les degrés de cette échelle mystique d'amour par lesquels l'âme monte successivement vers Dieu sont au nombre de dix.

Le premier degré d'amour procure à l'âme une langueur qui lui est salutaire. L'Épouse du Cantique en parle quand elle dit : *Adjuro vos, filiae Jerusalem, si inveneritis dilectum meum, ut nuntietis ei quia amore langueo :* « Je vous en conjure, filles de Jérusalem, si vous rencontrez mon Bien-Aimé, dites-lui que je languis d'amour ![1]. Mais cette infirmité n'est pas mortelle; elle doit contribuer à la gloire de Dieu; c'est alors, en effet, que l'âme, par amour pour Dieu, meurt au péché et à tout ce qui n'est pas Dieu. David l'affirme quand il dit : *Deficit spiritus meus :* « Mon âme est tombée en défaillance »[2], c'est-à-dire par rapport à toutes les choses créées, et elle a attendu de vous le salut[3]. De même que le malade perd l'appétit, qu'il n'a plus de goût pour les aliments et change de visage, de même l'âme qui est dans ce degré d'amour perd le goût de toutes les choses

1. *Cant.*, V, 8.
2. *Ps.* CXLII, 7.
3. *Ps.* CXVIII, 81.

d'ici-bas; elle n'en a plus le désir; comme elle est embrasée d'amour, elle n'est plus éblouie par les attraits de sa vie passée.

Néanmoins l'âme ne tombe dans cette défaillance que si elle reçoit d'en haut un feu brûlant, comme David nous le fait comprendre par ce verset : *Pluviam voluntariam segregabis, Deus, haereditati tuae, et infirmata est; tu vero perfecisti eam:* « Vous enverrez, ô mon Dieu, une pluie de votre choix sur l'âme qui est votre héritage; elle en tombera malade; mais vous, vous la rendrez parfaite »[1]. Cette infirmité, cette défaillance par rapport à toutes les choses créées est le point de départ, le premier degré qui mène à Dieu. Nous l'avons déjà fait comprendre quand nous avons dit dans quel anéantissement l'âme se trouve plongée lorsqu'elle commence à monter à cette échelle de la purification qui s'opère dans la contemplation, car alors l'âme ne trouve ni appui, ni goût, ni consolation, ni repos en quoi que ce soit. Aussi elle abandonne ce premier degré et tout de suite elle monte au second.

Arrivée au second degré, l'âme ne cesse plus de chercher Dieu. Voilà pourquoi l'Épouse des Cantiques, ayant cherché de nuit son Bien-Aimé et ne l'ayant point trouvé sur sa couche, alors qu'elle était toute défaillante d'amour, a dit : *Surgam et quaeram quem diligit anima mea:* « Je me lèverai et j'irai à la recherche du Bien-Aimé de mon âme »[2]. C'est là, nous le répétons, ce que l'âme ne cesse de faire, comme le conseille David en ces termes : *Quaerite Dominum... quærite faciem ejus semper:* « Cherchez le Seigneur... ne cessez pas de chercher sa face; cherchez-le en toutes choses, et ne vous arrêtez pas que vous ne

1. *Ps.* LXVII, 10.
2. *Cant.*, III, 2.

l'ayez trouvé »[1]. C'est ainsi que faisait l'Épouse des Cantiques; après avoir demandé aux gardes où était son Bien-Aimé, elle passa promptement et les laissa. Voyez Marie-Madeleine : elle ne fit même pas attention aux anges du sépulcre[2]. Arrivée à ce second degré, l'âme est si préoccupée de son Bien-Aimé qu'elle le cherche partout; en tout ce qu'elle pense, elle rêve au Bien-Aimé; dans tout ce qu'elle dit et dans tout ce qu'elle fait, elle parle et elle s'occupe de lui; qu'elle mange, qu'elle dorme, qu'elle veille, ou fasse un travail quelconque, son unique souci est celui du Bien-Aimé, comme nous l'avons dit en parlant des anxiétés de son amour. Or ici l'âme est déjà en convalescence; elle prend peu à peu des forces dans ce second degré; elle va se disposer à passer promptement au troisième degré par le moyen de quelque nouvelle purification de la contemplation, comme nous le dirons plus loin. Ce degré produit dans l'âme les effets suivants.

Le troisième degré de l'échelle d'amour est celui qui fait agir l'âme et met en elle ce feu pour l'empêcher de tomber. Le prophète royal en parle quand il dit : *Beatus vir qui timet Dominum ; in mandatis ejus volet nimis :* « Bienheureux l'homme qui craint le Seigneur ! il a un désir ardent d'accomplir sa loi »[3]. Or si la crainte, qui est fille de l'amour, produit un tel désir, que ne fera pas l'amour lui-même ? Une fois arrivée à ce degré, l'âme considère comme petites toutes les grandes choses qu'elle fait pour le Bien-Aimé; leur nombre lui semble restreint; le long temps qu'elle y consacre lui paraît court, tant est ardent cet

1. *Ps.* CIV, 4.
2. *Jean*, XX, 12.
3. *Ps.* CXI, 1.

incendie d'amour dont elle est déjà embrasée. Ainsi Jacob, après avoir servi durant sept années, considérait comme peu de chose de servir sept années encore, tant il brûlait d'amour[1]. Or si l'amour de Jacob pour une créature a eu tant de puissance, que ne pourra pas l'amour pour le Créateur, une fois qu'il se sera emparé de l'âme arrivée à ce troisième degré ? L'âme est tellement embrasée d'amour de Dieu qu'elle est dans une désolation profonde et dans un chagrin extrême à la vue du peu qu'elle fait pour Dieu; sa consolation serait, si elle pouvait, de s'immoler mille fois pour lui. Voilà pourquoi elle se regarde comme inutile dans tout ce qu'elle fait; sa vie elle-même lui semble une vie perdue. De là naît en elle un autre effet admirable : la persuasion intime qu'elle est la plus mauvaise de toutes les créatures, d'abord parce que l'amour lui enseigne tout ce qu'elle doit à Dieu, et ensuite parce que, comme les œuvres qu'elle accomplit alors sont nombreuses, mais qu'elle en voit les défectuosités et les imperfections, elle tire de toutes un motif de confusion et de chagrin, quand elle constate qu'elle agit d'une manière si misérable au service d'un si grand Roi. Dans ce troisième degré elle est bien loin d'avoir des sentiments de vaine gloire ou de présomption et de condamner les autres. Tels sont les effets, ainsi que beaucoup d'autres du même genre, qui proviennent de ce troisième degré. Aussi l'âme y puise-t-elle du courage et des forces pour monter au degré suivant.

Le quatrième degré de cet escalier d'amour est celui où elle éprouve pour le Bien-Aimé une souffrance qui ne la fatigue jamais; car, dit saint Augustin, les fardeaux les plus grands, les plus fastidieux et les plus

---

1. *Gen.*, XXIX, 20.

pesants ne sont presque rien pour celui qui aime [1]. Elle était dans ce degré l'Épouse des Cantiques, quand, désireuse d'être déjà au dernier, elle disait à l'Époux : *Pone me ut signaculum super cor tuum, ut signaculum super brachium tuum; quia fortis est ut mors dilectio; dura sicut infernus aemulatio* : « Mettez-moi comme un sceau sur votre cœur, comme un sceau sur votre bras; parce que l'amour est fort comme la mort, et la jalousie inflexible comme l'enfer » [2]. L'esprit acquiert ici tant de force, il domine si bien la chair qu'il n'en fait pas plus de cas que l'arbre d'une de ses feuilles. L'âme ne recherche plus en aucune manière son plaisir ou sa consolation soit en Dieu soit en une créature quelconque; elle ne désire rien; elle n'a pas la prétention de demander à Dieu des faveurs, car elle voit clairement qu'elle en a été comblée. Toute sa préoccupation est de chercher à lui plaire en quelque chose et de le servir quelque peu, coûte que coûte, comme il le mérite et comme elle y est obligée à cause des bienfaits qu'elle en a reçus. Aussi s'écrie-t-elle de cœur et d'esprit : Hélas ! ô mon Seigneur et mon Dieu, qu'ils sont nombreux ceux qui vont chercher en vous la consolation et la joie, et vous demandent des faveurs et des dons ! Mais comme ils sont peu nombreux ceux qui cherchent à vous plaire et à vous servir quelque peu au prix d'un sacrifice quelconque ou de leurs intérêts particuliers ! La faute n'en vient pas de vous, ô mon Dieu, car vous êtes toujours prêt à nous accorder de nouveaux bienfaits; elle vient de nous qui ne savons pas les

---

1. « Omnia enim saeva et immania prorsus facilia et prope nulla efficit amor. » Sermo IX de Verbis Domini in Evang. secundum Matthæum.

2. *Cant.*, VIII, 6.

employer à votre service, pour vous obliger à nous en accorder toujours.

Ce degré d'amour est très élevé. L'âme est si embrasée d'amour qu'elle se porte constamment vers Dieu avec le désir de souffrir pour lui; aussi vient-il souvent et d'une manière très ordinaire lui procurer la joie. Sa Majesté la visite en lui procurant les délicieuses et savoureuses douceurs de l'esprit. L'amour immense que porte le Verbe Incarné à son Amante ne lui permet pas de la voir souffrir sans lui apporter du soulagement. C'est ce qu'il nous dit par ces paroles de Jérémie : *Recordatus sum tui, miserans adolescentiam tuam... quando secuta es me in deserto :* « Je me suis souvenu de toi, et j'ai compassion de ta jeunesse... lorsque tu m'as suivi dans le désert »[1]. Au point de vue spirituel, ce désert signifie le détachement intérieur de toutes les créatures où est parvenue l'âme, qui ne s'arrête à rien et ne se repose en rien. Ce quatrième degré enflamme l'âme de telle sorte et allume en elle un tel désir de Dieu qu'il la fait gravir le cinquième degré; ce degré est le suivant.

Le cinquième degré de cet escalier d'amour porte l'âme à désirer et rechercher Dieu avec une sainte impatience. L'amour qui anime l'Épouse à rechercher le Bien-Aimé et à s'unir à lui est si ardent que tout retard, si petit qu'il soit, lui paraît très long, très pénible et insupportable. Elle s'imagine toujours qu'elle a enfin trouvé le Bien-Aimé; aussi quand elle se voit déçue dans ses espérances, ce qui lui arrive presque à chaque instant, elle languit, comme s'exprime le psalmiste et dit : *Concupiscit et deficit anima mea in atria Domini :* « Mon âme soupire et tombe en défaillance en soupirant vers les parvis

---

1. *Jér.*, II, 2.

du Seigneur »[1]. A ce degré l'Amante ne peut manquer de voir ce qu'elle aime, ou de mourir. Tel est le sentiment de Rachel, qui était désireuse d'avoir des enfants et disait à Jacob son époux : *Da mihi liberos, alioquin moriar:* « Donnez-moi des enfants; sans quoi je meurs »[2]. Ces âmes sont affamées comme les chiens qui rôdent autour de la cité de Dieu[3]. Sur ce degré de la faim l'âme se nourrit d'amour, et s'en rassasie selon sa faim; aussi peut-elle monter de là au sixième degré qui produit les effets que nous allons rapporter.

IV

(Chapitre XX)

ON EXPOSE LES CINQ AUTRES DEGRÉS D'AMOUR.

Le sixième degré fait que l'âme court d'un pas léger vers Dieu et l'atteint souvent de ses touches. Son espérance fortifiée par l'amour court sans défaillance et vole avec légèreté. C'est de ce degré qu'Isaïe a dit : *Qui autem sperant in Domino, mutabunt fortitudinem, assument pennas sicut aquilae, current et non laborabunt, ambulabunt et non deficient:* « Ceux qui espèrent en Dieu prendront de nouvelles forces; ils auront des ailes comme l'aigle; ils courront sans

1. *Ps.* LXXXIII, 3.
2. *Gen.*, XXX, 1.
3. *Ps.* LVIII, 15.

fatigue; ils marcheront et ne se lasseront point »[1], comme cela leur arrivait au cinquième degré. A ce degré se rapporte également ce texte de David : *Quemadmodum desiderat cervus ad fontes aquarum, ita desiderat anima mea ad te, Deus:* « Comme le cerf soupire après les sources d'eau vive, ainsi mon âme soupire après toi, ô mon Dieu »[2]. Le cerf, en effet, poussé par la soif, court d'un pied très léger vers les eaux vives. La cause de cette légèreté que l'âme possède à ce degré d'amour lui vient de ce que la charité s'est déjà très dilatée en elle et qu'elle est presque complètement purifiée de tout, comme le donne encore à entendre le psaume dans ce texte : *Sine iniquitate cucurri:* « Préservée de toute iniquité, j'ai couru vers toi »[3]; et dans cet autre : *Viam mandatorum tuorum cucurri, cum dilatasti cor meum:* « J'ai couru dans la voie de vos commandements, lorsque vous avez dilaté mon cœur »[4]. Aussi l'âme passe tout de suite de ce sixième degré au suivant.

Le septième degré de cette échelle mystique anime l'âme d'une sainte audace; son amour ne se sert pas de la délibération du jugement pour attendre, ni d'un conseil pour se retirer; c'est sans honte qu'elle s'arrête, car les faveurs dont Dieu l'a favorisée la portent à agir avec beaucoup d'audace. Aussi de là découle ce que nous dit l'Apôtre, à savoir que la charité croit tout, espère tout, peut tout[5]. C'est également de ce degré que parlait Moïse quand il disait à Dieu de pardonner à son peuple, ou d'effacer son nom du livre de vie[6]. De telles âmes obtiennent de Dieu tout ce qui leur plaît de lui demander. Aussi David a dit : *Delectare in Domino, et dabit tibi petitiones cordis tui:* « Mettez votre joie dans le Seigneur,

1. *Is.*, XL, 31. 2. *Ps.* XLI, 2. 3. *Ps.* LVIII, 5. 4. *Ps.* CXVIII, 32. 5. *I Cor.*, XIII, 7. 6. *Ex.*, XXXII, 31.

et il vous donnera tout ce que désire votre cœur »[1]. C'est une fois arrivée à ce degré que l'Épouse des Cantiques se permit de dire : *Osculetur me osculo oris sui :* « Qu'il me donne un baiser de sa bouche »[2]. Toutefois il faut bien considérer ici que l'âme ne doit pas se permettre cette hardiesse si elle ne sent pas intérieurement que le sceptre du Roi est incliné avec bienveillance vers elle[3], dans la crainte d'être précipitée des degrés qu'elle avait déjà gravis et où elle ne peut se maintenir que par humilité. Après cette audace et cette hardiesse que Dieu donne à l'âme. à ce septième degré pour qu'elle se porte à lui avec toute la véhémence de son amour, elle monte au huitième degré. Elle est alors prise par le Bien-Aimé qui se l'unit à lui de la façon suivante.

Le huitième degré d'amour attache l'âme et l'unit d'une manière indissoluble au Bien-Aimé, comme l'Épouse des Cantiques le dit en ces termes : *Inveni quem diligit anima mea; tenui eum, nec dimittam:* « J'ai trouvé celui qu'aiment mon âme et mon cœur; je le tiens et je ne le laisserai point s'en aller[4] ». A ce degré d'union, le désir de l'âme est satisfait; il ne l'est pas néanmoins d'une façon constante. Quelques-uns, en effet, arrivent à y mettre le pied, mais aussitôt ils doivent se retirer; s'il n'en était ainsi et si l'âme restait à ce degré, elle posséderait une sorte de gloire sur cette terre; aussi ne peut-elle y demeurer qu'à de très courts moments. Cependant le prophète Daniel, qui était un homme de désirs, reçut de la part de Dieu l'ordre de rester à ce degré quand il lui fut dit : « Tiens-toi sur ton degré, parce que tu es un homme de désirs »[5]. Après ce degré vient le neuvième

1. *Ps.* XXXVI, 4. 2. *Cant.*, I, 1. 3. *Esth.*, VIII.
4. *Cant.*, III, 4. 5. *Dan.*, X, 11.

qui est celui des parfaits, comme nous allons l'expliquer.

Le neuvième degré d'amour fait que l'âme est embrasée pour Dieu d'un amour suave. C'est le degré des parfaits qui déjà se consument d'un amour suave pour Dieu. L'Esprit-Saint leur communique cet amour plein de suavités et de délices à cause de leur union avec Dieu. Voilà pourquoi saint Grégoire a dit qu'au moment où le Saint-Esprit descendit visiblement sur les Apôtres, ils étaient tous embrasés intérieurement d'un amour suave. Quant aux faveurs et aux richesses divines dont l'âme jouit en cet état, il est impossible de les décrire. On aurait beau composer sur ce point des volumes et des volumes, que l'on serait loin d'avoir épuisé le sujet. C'est pour ce motif que nous n'en disons rien maintenant; nous nous réservons cependant la faculté d'en dire un mot plus loin. J'ajoute seulement que ce degré est suivi du dixième et dernier degré de cette échelle secrète de l'amour, qui n'appartient déjà plus à la vie présente.

Le dixième et dernier degré de cet escalier secret de l'amour fait que l'âme s'assimile totalement à Dieu, par suite de la claire vision de Dieu dont elle jouit aussitôt d'une manière immédiate; quand en effet l'âme est arrivée au neuvième degré, elle n'a plus qu'à quitter sa chair. Les âmes de cette sorte sont en petit nombre; comme l'amour a opéré en elles une purification complète, elles ne passent point par le purgatoire. Voilà pourquoi saint Matthieu a dit : *Beati mundo corde, quoniam ipsi Deum videbunt:* « Bienheureux ceux qui ont le cœur pur, parce qu'ils verront Dieu »[1]. Or, comme nous venons de le dire, cette vision est la cause pour laquelle il y a une similitude totale de l'âme avec Dieu, selon cette parole de saint Jean :

1. *Mat.*, V, 8.

Scimus quoniam cum apparuerit, similes ei erimus, quoniam videbimus eum sicuti est: « Nous savons que nous serons semblables à lui »[1]. Cette expression ne veut pas dire que l'âme sera aussi puissante que Dieu, car cela est impossible, mais parce qu'en tout elle deviendra semblable à Dieu; aussi peut-on l'appeler, et elle sera en réalité, Dieu par participation.

Tel est l'escalier secret dont parle l'âme ici. Sans doute, il n'est déjà plus très secret pour elle dans les degrés supérieurs, car l'amour opère en elle de si grands effets qu'il lui découvre une foule de merveilles. Mais une fois qu'elle atteint le dernier degré, celui de la claire vision de Dieu, le dernier de l'échelle mystique où Dieu se repose, comme nous l'avons dit, il n'y a désormais plus rien de caché pour l'âme, car elle est totalement assimilée à Dieu. Aussi notre Sauveur a dit : *Et in illo die me non rogabitis quidquam:* « Et ce jour-là vous ne m'interrogerez plus sur rien »[2]. Mais jusqu'à ce que ce jour soit arrivé, il y a toujours pour l'âme, si élevée qu'elle puisse être, quelque chose de caché, et ce sera en proportion de ce qui lui manque pour qu'elle ait une ressemblance parfaite avec la divine Essence.

Voilà donc comment cette théologie mystique et cet amour secret portent l'âme à s'élever au-dessus de toutes les créatures et d'elle-même pour monter jusqu'à Dieu. Car l'amour est comme le feu; il s'élève toujours vers les hauteurs pour atteindre le centre de sa sphère.

---

1. *I, Jean*, III, 2. 2. *Jean*, XVI, 23.

V

(Chapitre XXI)

ON EXPLIQUE LA PAROLE « DÉGUISÉE », ET ON DIT QUELLES SONT LES COULEURS DE CE DÉGUISEMENT DE L'AME DANS CETTE NUIT.

Après avoir exposé les motifs pour lesquels l'âme appelle cette contemplation un escalier secret, il nous reste à expliquer le mot *déguisé*, qui est le quatrième de la strophe, et à dire pour quelle raison elle est sortie *déguisée* par cet escalier secret.

Il faut savoir tout d'abord que *se déguiser* ne signifie pas autre chose que se dissimuler, se cacher sous un vêtement différent de celui qu'on porte d'ordinaire, afin de montrer extérieurement par là le désir que l'on a dans le cœur de gagner les bonnes grâces de celui que l'on aime ou afin de se dérober aux regards des ennemis et de mieux réaliser un projet. Et alors on choisit les vêtements ou les travestissements qui signifient mieux les sentiments du cœur, ou nous mettent davantage à l'abri de nos ennemis.

Une fois donc que l'âme a été blessée de l'amour du Christ, son Époux, elle désire lui plaire et gagner ses bonnes grâces. Aussi elle sort déguisée sous ce vêtement qui lui représente le plus au plus vif les affections de son esprit et la protège plus sûrement contre ses adversaires et ennemis qui sont le démon, le monde et la chair. La livrée qu'elle prend a trois couleurs principales : le blanc, le vert et le rouge. Ces couleurs signifient les trois vertus théologales de foi, d'espérance et de charité. C'est avec elles que non seulement elle gagnera les bonnes grâces et les faveurs de son Bien-Aimé, mais qu'elle se trouvera complètement à l'abri et en sûreté contre ses ennemis; la foi est une tunique intérieure d'une blancheur tellement éclatante qu'elle éblouit la vue de tout entendement. Quand l'âme s'avance revêtue de la foi, le démon ne peut ni la voir, ni lui nuire; elle marche alors en toute sécurité; cette vertu la protège beaucoup plus que les autres contre le démon, qui est son ennemi le plus redoutable et le plus rusé. Aussi saint Pierre, qui n'a pas trouvé de meilleur bouclier pour le repousser, nous dit : *Cui resistite fortes in fide:* « Résistez-lui en demeurant fermes dans la foi »[1]. L'âme, pour obtenir la grâce et l'union du Bien-Aimé, ne peut se couvrir d'un meilleur vêtement intérieur que celui du blanc vêtement de la foi, qui est le principe et le fondement sur lequel reposeront les vêtements de toutes les autres vertus. Car, dit l'Apôtre, sans la foi il est impossible de plaire à Dieu[2]. Mais avec elle, quand elle est vive, il est impossible de ne pas lui plaire. Il nous dit lui-même par la voix d'un prophète : *Sponsabo te mihi in fide:* « Je t'épouserai dans la foi »[3]; c'est comme s'il disait : Si tu veux, ô âme, t'unir à moi et me prendre pour Époux, il faut que tu viennes revêtue intérieurement de la foi.

L'âme est revêtue de ce blanc vêtement de la foi quand elle sort de cette nuit obscure de la contemplation; c'est alors, comme nous l'avons déjà dit, qu'elle s'est avancée au milieu des ténèbres et des angoisses intérieures; son entendement ne la soulageait par aucune lumière : elle n'en recevait pas d'en haut,

1. *I Pier.*, V, 9.
2. *Héb.*, XI, 6.
3. *Os.* II, 20.

car il lui semblait que le ciel était fermé et que Dieu s'était caché; elle n'en recevait pas d'en bas, car ceux qui étaient chargés de lui procurer la doctrine ne pouvaient la satisfaire. Elle a souffert néanmoins avec constance et elle a continué à endurer ces épreuves sans défaillir et sans manquer à son Époux, qui voulait par le moyen de ces souffrances et de ces tribulations éprouver la foi de son Épouse, afin qu'elle pût ensuite dire en toute vérité cette parole de David : *Propter verba labiorum tuorum ego custodivi vias duras:* « C'est à cause des paroles de vos lèvres que j'ai suivi des chemins pénibles »[1].

Immédiatement au-dessus de cette blanche tunique de la foi, l'âme revêt un second vêtement qui est de couleur verte. Celui-ci, avons-nous dit, est le symbole de la vertu d'espérance, par laquelle l'âme se délivre et se défend du monde, son second ennemi. Cette ferme espérance en Dieu confère à l'âme tant de force et tant de vigueur, et lui donne un tel essor vers les choses de la vie éternelle, que tout l'univers lui paraît, comme il l'est en réalité, vide, désert, mort, et sans valeur en comparaison de ce qu'elle espère là-haut. Sur cette terre, elle se dépouille de tous les vêtements et de toutes les livrées du monde; elle dégage son cœur de tout; elle n'attend rien de ce qu'il y a ou de ce qu'il y aura sur la terre; elle vit seulement revêtue de l'espérance de la vie éternelle. Aussi son cœur est-il si élevé au-dessus du monde que le monde ne saurait arriver jusqu'à lui et se l'attacher; son regard même ne l'atteint pas. Voilà pourquoi l'âme déguisée sous le vêtement de sa verte livrée est en sûreté complète contre le monde son second ennemi. Saint Paul, en effet, appelle l'espérance « le casque

1. *Ps.* XVI, 4.

du salut »[1], c'est là une armure qui protège toute la tête et la recouvre de telle sorte qu'elle ne laisse à découvert que la visière nécessaire à la vue. L'espérance a ceci de particulier qu'elle recouvre tous les sens de la tête de l'âme, si bien qu'ils ne se mêlent d'aucune des choses de ce monde et sont protégés contre toutes les flèches du siècle. Il lui reste seulement une visière par où son regard peut se diriger en haut et non ailleurs. Tel est le rôle ordinaire de l'espérance dans l'âme qui n'élève les yeux que pour regarder du côté de Dieu. C'est là ce qu'éprouvait David quand il nous a dit : *Oculi mei semper ad Dominum*[2]. Il n'espérait rien d'ailleurs, comme il le dit dans un autre psaume : « De même que les yeux de la servante sont fixés sur les mains de sa maîtresse, de même nos yeux sont fixés sur le Seigneur notre Dieu, jusqu'à ce qu'il ait pitié de nous »[3] qui avons mis en lui notre espérance.

L'âme est donc revêtue de cette livrée verte, et son regard est toujours tourné vers Dieu; elle détourne les yeux de tout objet créé et ne s'attache qu'à Dieu seul; aussi est-elle tellement agréable au Bien-Aimé qu'on peut dire en toute vérité qu'elle obtient de lui autant qu'elle en espère. C'est pour ce motif que l'Époux lui dit dans les Cantiques que par un seul de ses regards elle lui a blessé le cœur[4]. Sans cette verte livrée de l'espérance en Dieu seul il ne convenait pas à l'âme de s'évader pour conquérir un tel amour; car elle n'aurait rien obtenu; car c'est la ferme espérance qui touche le cœur de Dieu et obtient tout de lui.

C'est sous cette livrée de l'espérance que l'âme s'en va déguisée à la faveur de cette nuit secrète et obscure

1. *I Thess.*, V, 8. 2. *Ps.* XXIV, 15. 3. *Ps.* XCII, 2.
4. *Cant.*, IV, 9.

dont nous avons parlé. Elle est si dénuée de toute possession et de tout appui qu'elle ne porte ses regards et ses affections que sur Dieu et tient même sa bouche dans la poussière pour y trouver l'espérance, comme le dit Jérémie[1].

Au-dessus de ces vêtements blancs et verts, l'âme en ajoute un autre à couleur rouge pour compléter et perfectionner ce déguisement et cette livrée ; aussi revêt-elle une toge rouge de toute beauté qui est le symbole de la charité, troisième vertu théologale. Non seulement cette couleur met en relief les deux autres, mais elle élève tellement l'âme qu'elle la place tout près de Dieu, si pleine de grâce et de beauté que l'âme a la hardiesse de dire : *Nigra sum, sed formosa, filiae Jerusalem ; ideo dilexit me rex et introduxit me in cubiculum suum :* « Je suis noire, mais je suis belle, ô filles de Jérusalem ; aussi le roi m'a-t-il aimée et introduite dans sa chambre »[2].

Sous cette livrée de la charité qui est celle de l'amour, l'âme est d'abord protégée et défendue contre son troisième ennemi, la chair, parce que là où il y a le véritable amour de Dieu, il n'y a pas l'amour de soi ou de l'intérêt personnel ; mais de plus les autres vertus sont fortifiées ; la charité en effet leur donne de la vigueur et de l'énergie pour soutenir l'âme, de la grâce et des attraits pour plaire au Bien-Aimé ; car sans la charité aucune vertu n'est belle devant Dieu. Elle est cette pourpre dont parlent les Cantiques et dont l'âme se sert pour arriver à cette couche d'or où Dieu repose[3]. C'est donc de cette livrée toute de pourpre que l'âme était revêtue lorsque, à la faveur d'une nuit obscure, comme nous

---

1. *Lament.*, III, 29.
2. *Cant.*, I, 4.
3. *Cant.*, III, 10.

l'avons dit à la première strophe, elle est sortie d'elle-même et de toutes les créatures, tout embrasée d'un amour inquiet et est passée par l'escalier secret de la contemplation pour arriver à l'union parfaite d'amour de Dieu, son salut tant désiré.

Tel est donc le déguisement de l'âme lorsque, à la faveur de la nuit de foi, elle monte l'escalier secret. Telles en sont aussi les trois couleurs, qui sont une admirable disposition pour l'union de l'âme à Dieu par ses trois puissances : la mémoire, l'entendement et la volonté. La foi, en effet, met l'entendement dans les ténèbres, le prive de toute son intelligence naturelle, et par là le prépare à s'unir à la Sagesse divine. L'espérance fait le vide dans la mémoire et la sépare de la possession de tout objet créé, car, comme dit saint Paul, l'espérance tend à ce que l'on ne possède pas : *Spes autem quae videtur, non est spes* [1]. Elle écarte donc la mémoire de ce qu'elle peut posséder, et la met dans ce qu'elle espère. Aussi l'espérance en Dieu seul dispose-t-elle d'une manière d'autant plus pure la mémoire à s'unir à Dieu, qu'elle la laisse dans un vide plus profond.

Il en est absolument de même de la charité. Elle purifie la volonté de toutes ses affections et tendances à ce qui n'est pas Dieu pour ne les rapporter qu'à lui seul. Aussi dispose-t-elle cette puissance et l'unit-elle à Dieu par amour.

En un mot, comme ces trois vertus ont pour but de séparer l'âme de tout ce qui est inférieur à Dieu, elles ont aussi par le fait même celui d'unir l'âme à Dieu. Voilà pourquoi si l'on ne porte pas véritablement la livrée de ces trois vertus, il est impossible d'arriver à la perfection de l'amour de Dieu. Par conséquent, l'âme, pour arriver au but de ses désirs, c'est-à-dire à

---

1. *Rom.*, VIII, 24.

cette union avec son Bien-Aimé pleine d'amour et de délices, ne pouvait choisir un vêtement plus nécessaire et un déguisement plus approprié. Mais, de plus, c'est une grande fortune pour elle que d'avoir réussi à se revêtir de cette livrée et d'avoir persévéré à la porter jusqu'au jour où elle est enfin parvenue au but aussi désiré que l'était l'union d'amour; voilà pourquoi elle se hâte de dire ce vers :

Oh! l'heureux sort!

ON EXPLIQUE LE TROISIÈME VERS DE LA SECONDE STROPHE

(CHAPITRE XXII)

Il est bien clair que ce fut une heureuse fortune pour l'âme de réussir dans une telle entreprise. Sa sortie en effet l'a délivrée du démon, du monde et de sa propre sensualité, comme nous l'avons dit. Par le fait même elle a conquis une liberté d'esprit précieuse et désirée de tous; elle est montée des basses régions aux régions supérieures, et de terrestre et humaine qu'elle était, elle est devenue céleste et divine. Elle en est arrivée à avoir sa conversation dans les cieux, comme il arrive à l'âme qui est dans cet état de perfection, ainsi que je le dirai d'une façon cependant assez rapide. Car ce qu'il y a de plus important a déjà été expliqué quelque peu, bien que ce ne soit pas autant qu'il le faudrait pour montrer quelles richesses l'âme acquiert dans cet état et quelle bonne fortune elle a eue d'y passer. Ce que je me suis proposé surtout en effet, dans cet écrit, c'est d'expliquer cette nuit de la contemplation à beaucoup d'âmes qui s'y trouvaient et qui n'en avaient pas connaissance, comme je l'ai dit dans le prologue. De la sorte, si elles éprouvent de l'épouvante en présence de si horribles travaux, elles seront encouragées par l'espérance certaine des biens innombrables et si précieux que Dieu leur fera la grâce d'obtenir.

Outre ce motif de bonne fortune, l'âme en a eu encore un autre dont elle parle dans le vers suivant :

J'étais dans les ténèbres et en cachette.

QUATRIÈME VERS

(CHAPITRE XXIII)

ON EXPLIQUE LE QUATRIÈME VERS; ON DIT DANS QUELLE ADMIRABLE CACHETTE L'AME S'EST TROUVÉE DURANT CETTE NUIT, ET COMMENT LE DÉMON, TOUT EN PÉNÉTRANT DANS D'AUTRES DEMEURES TRÈS ÉLEVÉES, NE PÉNÈTRE PAS DANS CELLE-CI.

Cette expression — *en cachette* — veut dire en secret ou à l'abri des regards. Quand donc l'âme dit qu'elle est sortie *dans les ténèbres et en cachette*, elle ne saurait mieux faire comprendre la complète sécurité dont elle a parlé au premier vers de cette strophe, et dont elle a joui lorsqu'elle suivait le chemin de l'union d'amour de Dieu à la faveur de cette obscure contemplation.

Par conséquent, lorsque l'âme dit : *J'étais dans les ténèbres et en cachette*, elle signifie qu'elle était cachée au démon et protégée contre ses ruses et ses embûches. Le motif pour lequel l'âme qui marche dans l'obscurité de la contemplation est libre et à l'abri des embûches du démon, c'est que la contemplation infuse est reçue en elle d'une manière passive et secrète, à l'insu des sens et des puissances tant extérieures qu'intérieures de la partie sensitive. Il résulte de là qu'elle est non seulement cachée à ces puissances et à l'abri des obstacles qu'aurait pu lui opposer leur faiblesse naturelle; mais qu'elle est aussi protégée contre le démon, qui ne peut rien découvrir de ce qui se passe en elle, si ce n'est par l'intermédiaire de ces puissances. Aussi plus les communications sont spirituelles, intérieures et éloignées des sens, et moins le démon est capable de les comprendre. Il est donc très important pour la sécurité de l'âme que ses rapports intimes avec Dieu soient de telle sorte que les sens de sa partie inférieure, qui restent dans les ténèbres, les ignorent et ne puissent en avoir connaissance. Ainsi la faiblesse de la partie sensitive ne sera pas un obstacle à la liberté de l'esprit, et la communication spirituelle pourra être plus abondante; de plus, comme le démon ne peut pénétrer dans une partie si intime, l'âme marche avec plus de sécurité. Nous pouvons donc comprendre à ce propos cette parole de notre Sauveur, en la prenant au sens spirituel : *Nesciat sinistra tua quid faciat dextera tua:* « Que votre main gauche ignore ce que fait votre main droite »[1]. C'est comme s'il avait dit : Que ce qui se passe à droite, ou à la partie supérieure et spirituelle de l'âme, reste inconnu à votre gauche, et que cela soit de telle sorte que la partie inférieure de l'âme, ou partie sensitive, l'ignore. Cette communication doit être un secret absolu entre l'esprit et Dieu. Sans doute, il arrive très souvent que ces communications spirituelles faites à l'âme étant très secrètes et très intérieures, le démon n'arrive pas à connaître leur nature et leurs qualités; mais au calme et au profond silence que quelques-unes d'entre elles causent dans les sens et les puissances de la partie sensitive, il soupçonne qu'il y en a et que l'âme a reçu quelque faveur de choix. Voyant alors qu'il ne peut s'y opposer puisqu'elles se passent dans le fond de l'âme, il n'omet rien pour agiter et troubler la partie sensitive qui est à sa portée. Il suscite en elle des souf-

1. *Mat.*, VI, 3.

frances, des fantômes horribles, des craintes pour inspirer de l'inquiétude et du trouble dans sa partie supérieure et spirituelle, là où sont les biens qu'elle reçoit alors et dont elle jouit. Mais très souvent, quand la communication d'une telle contemplation n'investit que l'esprit et agit avec force en lui, les ruses du démon pour troubler l'âme ne lui servent de rien. L'âme, au contraire, n'en tire que plus de profit et d'amour ; elle jouit même d'une paix plus assurée. Chose admirable, dès qu'elle sent la présence de l'ennemi perturbateur, et sans qu'elle sache ce qui se passe ou fasse rien par elle-même, elle s'enfonce dans la partie la plus intime d'elle-même ; elle se rend très bien compte qu'elle pénètre dans un certain refuge où elle est plus éloignée et cachée de son ennemi ; de la sorte elle augmente la paix et la joie que le démon prétendait lui ravir. C'est ainsi que s'évanouissent toutes les craintes qui lui venaient du dehors ; l'âme le sent très clairement. Aussi se réjouit-elle de voir qu'elle jouit dans le secret avec tant de sécurité de cette paix de l'Époux si pleine de douceur et de suavité que le monde et le démon ne sauraient donner ou enlever. Elle connaît par expérience la vérité de ce que l'Épouse des Cantiques dit à ce sujet : *En lectulum Salomonis sexaginta fortes ambiunt... propter timores nocturnos :* « Voici que soixante braves entourent le lit de Salomon, afin d'écarter les frayeurs de la nuit »[1]. Elle a conscience de sa force et de sa paix, quoique bien souvent elle sente que sa chair et ses os sont tourmentés par le dehors.

D'autres fois, quand la communication n'est pas très infuse dans l'esprit et que les sens y participent, le démon arrive plus facilement à troubler l'esprit et

1. *Cant.*, III, 7, 8

à l'agiter de terreurs par l'intermédiaire des sens. Il cause alors en lui un supplice et un chagrin qui sont beaucoup plus profonds parfois qu'on ne saurait le dire. Comme le combat s'engage alors ouvertement entre deux esprits, l'horreur que le mauvais inspire au bon, qui est celui de l'âme, est intolérable, s'il parvient à y jeter le trouble. C'est également ce que nous dit l'Épouse des Cantiques qui est passée par ce tourment, quand elle a voulu descendre dans son recueillement intérieur pour y jouir de ses biens : *Descendi in hortum meum, ut viderem poma convallium, et inspicerem si floruisset vinea... nescivi; anima mea conturbavit me propter quadrigas Abinadab :* « Je suis descendue dans le jardin des noyers pour voir les fruits des vallées et regarder si la vigne avait fleuri... mais je n'ai pu rien savoir; mon âme a été toute troublée par les chariots »[1], c'est-à-dire par les chars et les bruits affreux d'Abinadab, qui signifie le démon.

Il arrive d'autres fois, quand Dieu agit par l'intermédiaire du bon Ange, que certaines faveurs qu'il accorde à l'âme soient connues du démon; celui-ci s'aperçoit en effet de quelques-unes d'entre elles : car celles que Dieu confère par le moyen du bon Ange, Dieu permet d'ordinaire que le démon en ait connaissance, pour qu'il s'y oppose de toutes ses forces d'après les proportions de la justice et ne puisse alléguer de son droit en prétextant qu'on ne lui permet pas de vaincre l'âme, comme il l'a dit de Job[2]. Et il en serait de la sorte si Dieu ne laissait une certaine chance de succès entre les deux adversaires, le bon Ange et le mauvais, pour la conquête de l'âme; la victoire de l'un ou de l'autre n'en sera que plus glorieuse; quant à l'âme qui sera victorieuse

1. *Cant.*, VI, 10, 11.
2. *Job*, II, 4, 6.

et fidèle dans la tentation, elle n'en sera que plus récompensée.

Nous devons donc faire observer que telle est la cause pour laquelle la manière d'agir de Dieu avec une âme ou de se comporter avec elle est, par une permission de sa part, suivie également par le démon. Si l'âme est favorisée de visions véritables de la part du bon Ange, qui en est ordinairement l'intermédiaire, alors même que l'on verrait le Christ, dès lors que le Christ n'apparaît presque jamais personnellement, Dieu permet également à l'ange mauvais de représenter de fausses visions, et ces visions, d'après leurs apparences, peuvent facilement jeter dans l'illusion l'âme imprudente, comme cela est fréquent.

Nous en avons une preuve dans l'Exode. Il nous y est raconté que tous les véritables prodiges accomplis par Moïse étaient contrefaits par les magiciens de Pharaon. Produisait-il des grenouilles, les magiciens en produisaient également; changeait-il l'eau en sang, les magiciens faisaient de même [1]. Ce n'est pas seulement ce genre de visions corporelles que le démon imite; il s'ingère également dans les communications spirituelles qui viennent du bon Ange; il parvient à les voir, comme nous l'avons dit. Job, en effet, nous dit de lui : *Omne sublime videt:* « Il voit tout ce qu'il y a de sublime » [2], l'imite et s'y interpose. Néanmoins, comme ces communications spirituelles n'ont, en tant que telles, ni forme ni figure, il ne peut les imiter et former de la même manière que celles qui nous sont représentées sous une image ou une ressemblance matérielle. Aussi pour attaquer l'âme d'après le mode employé par le bon Ange pour la visiter, il lui représente un esprit plein de terreur;

1. *Ex.*, VII, 11, VIII, 7.
2. *Job*, XLI, 25.

il veut ainsi détruire un esprit par un autre esprit. Quand cela arrive au moment où le bon Ange va communiquer à l'âme la contemplation spirituelle, l'âme n'a pas le temps de se retirer dans le secret de la contemplation qu'elle ne soit remarquée du démon qui lui inspire alors par sa présence des terreurs et des troubles spirituels, parfois très pénibles. D'autres fois cependant l'âme s'échappe assez promptement pour que l'esprit malin n'ait pas le temps de lui causer des impressions de terreur. Elle se réfugie alors en elle-même, favorisée efficacement et secourue spirituellement par son bon Ange.

Parfois le démon l'emporte et cause à l'âme des troubles et des terreurs. C'est alors pour elle une peine qui surpasse tous les tourments de cette vie. Dès lors, en effet, que cette terreur est communiquée par un esprit à un esprit d'une façon claire et quelque peu dégagée de tout ce qui est corporel, elle est plus angoissante que toute la douleur des sens. Elle ne dure pas longtemps; sans quoi, si l'épreuve se prolongeait, l'esprit quitterait le corps, tant est affreux le tourment que provoque l'esprit mauvais. Une fois l'épreuve terminée, il en reste un souvenir qui par lui-même est suffisant pour causer une peine profonde.

Tout ce que nous venons de dire se passe dans l'âme passivement, sans qu'elle puisse y rien faire ni pour ni contre. Il faut savoir cependant que quand l'Ange bon permet au démon de prévaloir contre l'âme et de lui inspirer ces sentiments de terreur spirituelle, il a pour but de la purifier; il la dispose par cette préparation spirituelle à quelque grande fête, ou grâce céleste que veut lui accorder Celui qui ne mortifie que pour donner la vie et n'humilie que pour exalter. L'âme ne tarde pas à en faire l'expérience. Plus la purification a été obscure et terrible, plus aussi la contemplation spirituelle dont elle jouit est admirable et remplie de suavité; cette faveur est même parfois si élevée, qu'aucun langage ne saurait en donner une idée. Ce qui a spiritualisé beaucoup son esprit pour le préparer à une si haute faveur, c'est la terreur qui lui a été inspirée par l'esprit mauvais; car ces visions spirituelles appartiennent plus à la vie du ciel qu'à celle de la terre; et quand on a l'une, on est préparé pour l'autre.

Ce qui vient d'être dit s'applique au cas où Dieu visite l'âme par le moyen de l'Ange bon, et où elle n'est pas, comme nous l'avons dit, si complètement dans les ténèbres et en sûreté que l'ennemi ne l'attaque quelque peu. Mais quand Dieu la visite par lui-même, c'est alors que se vérifie le vers que nous avons cité; car c'est alors complètement dans l'obscurité et en cachette de l'ennemi qu'elle reçoit les faveurs spirituelles de Dieu. La cause vient de ce que sa Majesté demeure substantiellement dans l'âme, ou ni le bon Ange ni le démon ne peuvent arriver à comprendre ce qui se passe, ou à connaître les communications intimes et secrètes qui ont lieu entre Dieu et l'âme. Ces communications, étant faites par Dieu lui-même, sont complètement divines et souveraines; elles sont des touches substantielles de l'union de l'âme avec Dieu. Comme il s'agit du plus haut degré d'oraison, une seule d'entre elles communique à l'âme plus de biens que tout le reste. Ce sont là les touches que l'Épouse demande au commencement des Cantiques quand elle dit : *Osculetur me osculo oris sui:* « Qu'il me donne un baiser de sa bouche »[1]. Comme il s'agit d'une chose si intime qui se passe entre Dieu et l'âme et d'un bien vers lequel l'âme tend avec la plus vive anxiété, elle désire et estime cette touche de la Divi-

1. *Cant.*, I, 1.

nité au-dessus de toutes les autres faveurs qu'elle pourrait en recevoir. Aussi, après avoir chanté dans les Cantiques une foule de grâces reçues déjà, et n'étant pas encore satisfaite, elle demande ces touches divines en ces termes : *Quis mihi det te fratrem meum sugentem ubera matris meae, ut inveniam te foris, et deosculer te, et jam me nemo despiciat?* « Qui me donnera, ô mon frère, que tu viennes sucer avec moi le sein de ma mère, de te trouver dehors, de te donner un baiser, et que personne désormais ne me méprise ! »[1] Elle donne donc à entendre que la communication doit être pour elle seule, comme nous le disons, à l'écart et à l'insu de toutes les créatures; car tel est le sens de ces paroles; seule et dehors, suçant,... c'est-à-dire apaisant les tendances et les affections de la partie sensitive. Cette faveur a lieu quand, l'âme jouissant de la liberté d'esprit et la partie sensitive ne pouvant plus par elle-même ou par le démon lui faire obstacle, elle goûte la suavité et la paix dont ces biens sont la source. Alors le démon n'oserait pas l'attaquer; il n'y réussirait pas d'ailleurs : il serait incapable de comprendre ces divines touches qui se font de la substance de Dieu pleine d'amour à la substance de l'âme. Ce bien-là personne ne peut l'obtenir, si ce n'est l'âme qui est passée par une purification intime, par le dénûment spirituel et l'abnégation de toute créature. Cette opération se fait en cachette, comme nous l'avons déjà démontré longuement et comme nous le dirons encore à propos de ce vers.

C'est donc dans l'obscurité et en cachette, comme nous venons de le dire, que l'âme se confirme peu à peu dans l'union avec Dieu par amour. Aussi le

1. *Cant.*, VIII, 1.

chante-t-elle en disant ce vers : *J'étais dans les ténèbres et en cachette.*

Lorsque ces faveurs s'accordent en cachette, c'est-à-dire à l'esprit seulement, comme nous l'avons dit, l'âme a coutume parfois de trouver, sans savoir comment, la partie supérieure d'elle-même tellement séparée et éloignée de la partie inférieure et sensitive. qu'elle reconnaît en elle deux parties très distincte, entre elles. Il lui semble que l'une n'a rien à voir ave- l'autre, tant elles sont éloignées et séparées l'une de l'autre. En vérité, il en est ainsi d'une certaine manière; car l'opération qui s'accomplit, étant toute spirituelle, n'a aucun rapport avec la partie sensitive. De la sorte l'âme devient peu à peu toute spirituelle, et dans le secret de la contemplation unitive elle apaise d'une façon presque complète ses passions et ses tens dances spirituelles. Voilà pourquoi, parlant de sa partie supérieure, l'âme dit immédiatement ce dernier vers :

Tandis que ma demeure était déjà en paix.

ON ACHÈVE D'EXPLIQUER LA SECONDE STROPHE.

(CHAPITRE XXIV)

Le sens de ce vers semble le suivant : Lorsque la partie supérieure de mon âme était déjà purifiée comme sa partie inférieure, ses tendances et ses puissances, je suis sortie à la recherche de l'union d'amour avec Dieu. Nous avons déjà dit que la nuit obscure fait la guerre à l'âme, la combat et la purifie de deux manières; elle attaque la partie sensitive et la partie spirituelle ainsi que leurs sens, leurs puissances et leurs passions; or c'est de deux manières également, concernant ces deux parties sensitive et spirituelle, ainsi que leurs puissances et tendances, que l'âme arrive à la paix et au repos. Voilà pourquoi, comme nous l'avons dit, on a répété ce vers; on l'a mis une fois dans cette strophe et une fois dans la strophe précédente, pour signifier les deux portions de l'âme, la spirituelle et la sensitive; car l'une et l'autre, avant de sortir à la recherche de l'union d'amour avec Dieu, doivent être tout d'abord réformées, ordonnées, pacifiées d'après cet état d'innocence où se trouvait Adam, bien que l'âme ne soit pas encore complètement libre des tentations de la partie inférieure. Ainsi ce vers, qui dans la première strophe se référait à la paix de la partie inférieure et sensitive, se réfère particulièrement dans la seconde strophe à la partie supérieure et spirituelle; voilà pourquoi on l'a répété.

Ce repos et cette quiétude de cette demeure spirituelle, l'âme les obtient d'une manière habituelle et parfaite, autant que le permet la condition de cette vie, par le moyen de ces actes en quelque sorte substantiels d'union divine dont nous venons de parler. Dieu les a produits en elle en cachette, à l'insu du démon, des sens et des passions qui ne l'ont point troublée; et nous le répétons, l'âme s'est peu à peu purifiée, pacifiée, fortifiée; aussi a-t-elle pu contracter d'une façon stable et dans le repos la divine union, ou ses fiançailles avec le Fils de Dieu. Voilà pourquoi dès que l'âme a pacifié, fortifié et réuni ces deux demeures avec toutes leurs puissances et toutes leurs facultés, et que de plus elle les a assoupies et réduites au silence par rapport à toutes les choses d'en haut et d'en bas, la divine Sagesse se l'unit immédiatement. Elle en prend possession par un nouveau lien d'amour. C'est alors que s'accomplit ce qu'elle nous dit : *Dum quietum silentium contineret omnia, et nox in suo cursu medium iter haberet, omnipotens sermo tuus de caelo a regalibus sedibus prosilivit:* « Lorsque toutes les créatures reposaient dans un paisible silence et que la nuit était au milieu de sa course, votre parole toute-puissante est descendue du ciel et de son trône royal »[1]. C'est aussi ce que l'Épouse nous donne à entendre quand elle dit dans les Cantiques : « Quand j'eus dépassé les soldats qui veillent autour de la ville, qui m'ont blessée et se sont emparés de mon manteau, j'ai rencontré celui que mon cœur aime »[2]. On ne peut pas arriver à cette union sans une grande pureté, et cette pureté elle-même ne s'acquiert pas sans un détachement profond de tout le créé et sans une pénible mortification. Tout cela est signifié par

1. *Sag.*, XVIII, 14.
2. *Cant.*, V 6, 7.

ce fait que l'Épouse des Cantiques a été dépouillée de son manteau, et qu'elle a été blessée durant la nuit alors qu'elle était à la recherche de l'Époux : car elle ne pouvait prendre le manteau nouveau des fiançailles auquel elle aspirait avant d'avoir rejeté l'ancien. Voilà pourquoi celui qui refusera de sortir durant la nuit obscure dont nous avons parlé pour aller à la recherche du Bien-Aimé, qui ne voudra ni se dépouiller de sa volonté propre, ni exercer la mortification, comme faisait l'Épouse, mais prétend le trouver dans son lit de repos et au milieu de ses aises, n'y arrivera jamais. Cette âme, en effet, nous dit d'elle-même que, si elle l'a trouvé, c'est en s'évadant à travers les ténèbres, toute angoissée d'amour.

STROPHE TROISIÈME

(CHAPITRE XXV)

Dans cette heureuse nuit,
Je me tenais dans le secret, personne ne me voyait,
Et je n'apercevais rien
Pour me guider que la lumière
Qui brûlait dans mon cœur.

EXPLICATION

L'âme continue la métaphore ou ressemblance qu'il y a entre la nuit naturelle et cette nuit spirituelle. Elle chante et exalte les excellentes propriétés que cette dernière possède. Car c'est à la faveur de la nuit de contemplation qu'elle les a trouvées et s'en est emparée pour arriver promptement et sûrement au but désiré. Elle en désigne trois.

La première, dit-elle, consiste en ce que dans cette bienheureuse nuit de contemplation Dieu la conduit par un chemin si solitaire et si secret, si dégagé et éloigné des sens, que rien, même de ce qui les concerne, ni une créature quelconque, n'est capable de l'atteindre de façon à la troubler ou à l'arrêter dans la voie de l'union d'amour.

La seconde propriété dont elle parle a pour cause les ténèbres spirituelles de cette nuit où toutes les puissances de la partie supérieure de l'âme sont dans l'obscurité. Aussi l'âme ne voit-elle rien, ne peut rien voir, ni s'arrêter à quoi que ce soit en dehors de Dieu pour aller à lui. Désormais elle est dégagée de tous les obstacles, formes, figures ou connaissances naturelles qui d'ordinaire empêchaient son union constante à Dieu.

La troisième propriété, c'est que l'âme n'est plus attachée à quelque lumière particulière et intérieure de l'entendement ni à un guide extérieur pour en recevoir quelque satisfaction dans ce sentier élevé; elle en est, au contraire, privée dans ces ténèbres profondes qui l'environnent. L'amour seul qui l'anime alors la sollicite et la presse de donner son cœur au Bien-Aimé; c'est lui qui la meut, qui la guide et la fait prendre le vol vers son Dieu, sans qu'elle sache comment ni de quelle manière.

Voici le premier vers :

Dans cette heureuse nuit.

NOTE. Le traité de la *Nuit Obscure* est incomplet, comme on le voit. Le *Cantique Spirituel* supplée, en partie, à ce qui manque; mais on a perdu un trésor inestimable (P. GÉRARD).

Le P. Silverio donne de cette perte l'explication suivante (Preliminares, p. 187, note): Au début les copies des écrits du Saint étaient en cahiers séparés ou mal cousus. Ainsi la disparition de quelques feuillets, surtout des derniers, se comprend très bien.

Le P. Silverio ajoute (t. II, p. 510, note) : « Le manuscrit d'Albe de Tormès attribue à la mort du Saint l'absence de commentaires des cinq dernières strophes. Mais il ne peut en être ainsi, car le Saint vécut encore de nombreuses années après avoir écrit ces traités. »

TABLE

NUIT DES SENS

STROPHE PREMIÈRE

NUIT OBSCURE DE L'ESPRIT

STROPHE DEUXIÈME

STROPHE TROISIÈME

MAME IMPRIMEURS À TOURS (4-98)
DÉPÔT LÉGAL : FÉVRIER 1984. N° 6725-4 (98032288)

Collection Points

SÉRIE SAGESSES

dirigée par Vincent Bardet et Jean-Louis Schlegel

DERNIERS TITRES PARUS

Sa40. Paroles du Bouddha, *traduit du chinois par Jean Eracle*
Sa41. Né au Tibet, *par Chögyam Trungpa*
Sa42. Célébration biblique, *par Elie Wiesel*
Sa43. Les Mythes platoniciens, *par Geneviève Droz*
Sa44. Dîwân, *par Husayn Mansûr Hallâj*
Sa45. Questions zen, *par Philip Kapleau*
Sa46. La Voie du samouraï, *par Thomas Cleary*
Sa47. Le Prophète *et* Le Jardin du Prophète, *par Khalil Gibran*
Sa48. Voyage sans fin, *par Chögyam Trungpa*
Sa49. De la mélancolie, *par Romano Guardini*
Sa50. Essai sur l'expérience de la mort
par Paul-Louis Landsberg
Sa51. La Voie du karaté, *par Kenji Tokitsu*
Sa52. Le Livre brûlé, *par Marc-Alain Ouaknin*
Sa53. Shiva, *traduction et commentaires d'Alain Porte*
Sa54. Retour au silence, *par Dainin Katagiri*
Sa55. La Voie du Bouddha, *par Kyabdjé Kalou Rinpoché*
Sa56. Vivre en héros pour l'éveil, *par Shantideva*
Sa57. Hymne de l'univers, *par Pierre Teilhard de Chardin*
Sa58. Le Milieu divin, *par Pierre Teilhard de Chardin*
Sa59. Les Héros mythiques et l'Homme de toujours
par Fernand Comte
Sa60. Les Entretiens de Houang-po
présentation et traduction de Patrick Carré
Sa61. Folle Sagesse, *par Chögyam Trungpa*
Sa62. Mythes égyptiens, *par George Hart*
Sa63. Mythes nordiques, *par R. I. Page*
Sa64. Nul n'est une île, *par Thomas Merton*
Sa65. Écrits mystiques des Béguines, *par Hadewijch d'Anvers*
Sa66. La Liberté naturelle de l'esprit, *par Longchenpa*
Sa67. La Sage aux champignons sacrés, *par Maria Sabina*
Sa68. La Mystique rhénane, *par Alain de Libera*
Sa69. Mythes de la Mésopotamie, *par Henrietta McCall*
Sa70. Proverbes de la sagesse juive, *par Victor Malka*

Sa71. Mythes grecs, *par Lucilla Burn*
Sa72. Écrits spirituels d'Abd el-Kader
présentés et traduits de l'arabe par Michel Chodkiewicz
Sa73. Les Fioretti de saint François
introduction et notes d'Alexandre Masseron
Sa74. Mandala, *par Chögyam Trungpa*
Sa75. La Cité de Dieu
1. Livres I à X, *par saint Augustin*
Sa76. La Cité de Dieu
2. Livres XI à XVII, *par saint Augustin*
Sa77. La Cité de Dieu
3. Livres XVIII à XXII, *par saint Augustin*
Sa78. Entretiens avec un ermite de la sainte Montagne
sur la prière du cœur, *par Hiérothée Vlachos*
Sa79. Mythes perses, *par Vesta Sarkhosh Curtis*
Sa80. Sur le vrai bouddhisme de la Terre Pure, *par Shinran*
Sa81. Le Tabernacle des Lumières, *par Ghazâlî*
Sa82. Le Miroir du cœur. Tantra du Dzogchen
traduit du tibétain et commenté par Philippe Cornu
Sa83. Yoga, *par Tara Michaël*
Sa84. La Pensée hindoue, *par Émile Gathier*
Sa85. Bardo. Au-delà de la folie, *par Chögyam Trungpa*
Sa86. Mythes aztèques et mayas, *par Karl Taube*
Sa87. Partition rouge, *par Florence Delay et Jacques Roubaud*
Sa88. Traité du Milieu, *par Nagarjuna*
Sa89. Construction d'un château, *par Robert Misrahi*
Sa90. Mythes romains, *par Jane F. Gardner*
Sa91. Le Cantique spirituel, *par saint Jean de la Croix*
Sa92. La Vive Flamme d'amour, *par saint Jean de la Croix*
Sa93. Philosopher par le Feu, *par Françoise Bonardel*
Sa94. Le Nouvel Homme, *par Thomas Merton*
Sa95. Vivre en bonne entente avec Dieu, *par Baal-Shem-Tov*
paroles recueillies par Martin Buber
Sa96. Être plus, *par Pierre Teilhard de Chardin*
Sa97. Hymnes de la religion d'Aton
traduits de l'égyptien et présentés par Pierre Grandet
Sa98. Mythes celtiques, *par Miranda Jane Green*
Sa99. Le Soûtra de l'estrade du Sixième Patriarche Houei-neng
par Fa-hai
Sa100. Vie écrite par elle-même, *par Thérèse d'Avila*
Sa101. Seul à seul avec Dieu, *par Janusz Korczak*
Sa102. L'Abeille turquoise, *par Tsangyang Gyatso*
chants d'amour présentés et traduits par Zéno Bianu

Sa103. La Perfection de sagesse
traduit du tibétain par Georges Driessens
sous la direction de Yonten Gyatso
Sa104. Le Sentier de rectitude, *par Moïse Hayyim Luzzatto*
Sa105. Tantra. La voie de l'ultime, *par Chögyam Trungpa*
Sa106. Les Symboles chrétiens primitifs
par Jean Daniélou
Sa107. Le Trésor du cœur des êtres éveillés, *par Dilgo Khyentsé*
Sa108. La Flamme de l'attention, *par Krishnamurti*
Sa109. Proverbes chinois, *par Roger Darrobers*
Sa110. Les Récits hassidiques, tome 1, *par Martin Buber*
Sa111. Les Traités, *par Maître Eckhart*
Sa112. Krishnamurti, *par Zéno Bianu*
Sa113. Les Récits hassidiques, tome 2, *par Martin Buber*
Sa114. Ibn Arabî et le Voyage sans retour, *par Claude Addas*
Sa115. Abraham ou l'Invention de la foi, *par Guy Lafon*
Sa116. Padmasambhava, *par Philippe Cornu*
Sa117. Socrate, *par Micheline Sauvage*
Sa118. Jeu d'illusion, *par Chögyam Trungpa*
Sa119. La Pratique de l'éveil de Tipola à Trungpa
par Fabrice Midal
Sa120. Cent Éléphants sur un brin d'herbe, *par le Dalaï-Lama*
Sa121. Tantra de l'union secrète, *par Yonten Gyatso*
Sa122. Le Chant du Messie, *par Michel Bouttier*
Sa123. Sermons et Oraisons funèbres, *par Bossuet*
Sa124. Qu'est-ce que le hassidisme ?, *par Haïm Nisenbaum*
Sa125. Dernier Journal, *par Krishnamurti*
Sa126. L'Art de vivre. Méditation Vipassaná
enseignée par S. N. Goenka, *par William Hart*
Sa127. Le Château de l'âme, *par Thérèse d'Avila*
Sa128. Sur le Bonheur / Sur l'Amour
par Pierre Teilhard de Chardin
Sa129. L'Entraînement de l'esprit
et l'Apprentissage de la bienveillance
par Chögyam Trungpa
Sa130. Petite Histoire du Tchan, *par Nguên Huu Khoa*
Sa131. Le Livre de la piété filiale, *par Confucius*
Sa132. Le Coran, *traduit par Jean Grosjean*
Sa133. L'Ennuagement du cœur, *par Rûzbehân*
Sa134. Les Plus Belles Légendes juives, *par Victor Malka*
Sa135. La Fin'amor, *par Jean-Claude Marol*
Sa136. L'Expérience de l'éveil, *par Nan Huai-Chin*
Sa137. La Légende dorée, *par Jacques de Voragine*